CORAZONES SANADOS Y CADENAS ROTAS

Rev. Federico Martin Kadì

ISBN: 979-8-3857-3551-8

RESUMEN

INTRODUCCIÓN

Estimado lector,

He escrito este libro para ti, para explicarte cómo poder ayudar a la gente a recibir sanidad interior y liberación; y como efecto de estas, muchas veces también, obtener la sanidad física. El trabajo que hacemos en la sanidad del alma y la liberación es único y basado en la Palabra de Dios. Todo lo que está escrito en este libro tiene fundamento bíblico y puede ser confrontado siempre con las Escrituras.

Si bien he estudiado algo de psicología no soy psicólogo, soy un hombre de Dios que ama las Escrituras y el estudio de la psiquis, es decir, el alma del hombre, su comportamiento, sus procesos mentales y su interior, consciente, subconsciente e inconsciente. Todo a la luz de las Escrituras con el fin de poder ayudar a los hijos de Dios con eficacia, a cerrar con el pasado y así vivir el presente en libertad.

Muchas veces he tenido que romper esquemas religiosos ineficaces para poder ver a las personas verdaderamente libres. Buscando de continuo a Dios, él me dio entendimiento en las Sagradas Escrituras y me hizo eficiente en la esfera de la sanidad del alma y en la liberación, trayendo como resultado, la sanidad física.

Trabajar en esta área es una tarea muy delicada porque aunque satanás está derrotado, si no nos sometemos por completo a Dios, podrían surgir algunos problemas en las personas que ministran.

> Muchas veces he tenido que romper esquemas religiosos ineficaces para poder ver a las personas verdaderamente libres.

En este libro encontrarás las pautas para ministrar, aun así es muy importante que quienes la practiquen no se enorgullezcan y no se dejen cegar por el diablo. No nos olvidemos que Judas también expulsaba demonios. Ministrar no significa estar bien con Dios; esto lo podemos ver en uno de los versículos bíblicos que más me han impactado:

Mateo 7:21-23 *No todo el que me diga "Señor, Señor" entrará en el reino de los cielos, sino el que hace la voluntad de mi Padre que está en los cielos. Muchos me dirán en aquel día: "¡Señor, Señor! ¿No profetizamos en tu nombre? ¿En tu nombre no echamos demonios? ¿Y en tu nombre no hicimos muchas obras poderosas?". Entonces yo les declararé: "Nunca les he conocido. ¡Apártense de mí, obradores de maldad!"*

Estos "muchos" de los que habla Jesús no impartieron conocimiento, sino que se jactaban de haber profetizado, de haber expulsado demonios y de haber realizado muchas obras poderosas. Seguramente cuando estaban en la tierra, sus ministerios eran muy reconocidos, en efecto, estas son las características de los ministerios más populares hoy en día.

Lo que más me llama la atención de este pasaje de la Biblia es la respuesta de Jesús: *"Nunca les he conocido. ¡Apártense de mí, obradores de maldad!"*

¿Cuándo Jesús no conoce a una persona?

Juan 10:27 *Mis ovejas oyen mi voz, y yo las conozco, y me siguen.*

Estos ministros no eran conocidos por Jesús porque no lo escuchaban y por consecuencia no lo seguían, sin embargo, el problema real lo notamos en el hecho de que "estos muchos" no tenían un corazón íntegro ante Dios, sino que utilizaban el reino de Dios para sus propios intereses. Por lo tanto, para trabajar en esta área, será fundamental orar para tener un corazón nuevo y no solo eso, sino también un corazón íntegro.

La Biblia no habla en ninguna parte del ministerio de sanidad o liberación debido a que es un trabajo para todos *"Estas señales seguirán a los que creen: En mi nombre echarán fuera demonios"* (Marcos 16:17).

2 Corintios 1:4 *quien nos consuela en todas nuestras tribulaciones. De esta manera, con la consolación con que nosotros mismos somos consolados por Dios, también nosotros podemos consolar a los que están en cualquier tribulación.*

No es porque adquieras conocimientos que el Señor te va a usar de manera inmediata. Esto lo podemos ver cuando Dios elige al profeta desde el vientre materno, lo forjó como una espada puntiaguda y como una flecha afilada y luego lo apartó hasta el momento oportuno. Así nos dice Isaias:

Isaías 49:1-2 *¡Óiganme, oh costas, y atiendan, oh pueblos lejanos! El SEÑOR me llamó desde el vientre; desde las entrañas de mi madre mencionó mi nombre. Hizo de mi boca una espada puntiaguda; me cubrió con la sombra de su mano. Hizo de mí una flecha afilada; me guardó en su aljaba.*

Al final de este curso tendrás todo el conocimiento que necesitas para sanar el alma y liberar, pero Dios muchas veces no nos usa de inmediato, por este motivo es importante saber esperar Su tiempo. No te olvides que el Señor te dará la capacidad de ministrar y asimismo te usará cuando Él decida que es el momento justo.

1 Pedro 5:6 *Humillaos, pues, bajo la poderosa mano de Dios, para que él os exalte cuando fuere tiempo.*

Capítulo 1

EL CORAZÓN Y LA MENTE

Llevo más de 25 años enseñando que la lucha contra los demonios derrotados tiene lugar en la mente; por lo tanto, es importante que sepas con qué realidades debes interactuar para que puedas reconocerlas y combatirlas con eficacia.

A menudo experimentamos un conflicto entre lo que nos dice la razón y lo que afirma el corazón, por este motivo, para poder recibir la sanidad del alma tendremos que comprender este conflicto. La mente, donde radican los pensamientos y el corazón, de donde surgen los sentimientos, son dos elementos distintos. Así mismo el alma se compone de la razón y del sentimiento; el sentimiento es más fuerte que la razón y surge del pensamiento. Más adelante profundizaremos en este concepto, pero tienes que saber que la verdadera liberación solamente llegará cuando se derriben las fortalezas que dan derecho a los demonios derrotados que hay en tu mente.

2 Corintios 5:17 *De modo que si alguno está en Cristo, nueva criatura es; las cosas viejas pasaron; he aquí todas son hechas nuevas.*

Basándose en este versículo, algunos afirman que los nacidos de nuevo no necesitan nada, que por gracia son sanados y liberados, pero a menudo vemos que las vidas de los creyentes son un caos porque, aunque hayan experimentado el nuevo nacimiento, pueden tener influencias demoníacas. Recuerda que cuando naces de nuevo, el Espíritu cambia tu corazón, pero no tu mente.

> La verdadera liberación solamente llegará cuando se derriben las fortalezas.

Volviendo al pasaje anterior, es interesante ver que en el versículo 20, solamente tres versículos más adelante Pablo, o más bien el Espíritu Santo por medio de Pablo, dice:

> **2 Corintios 5:20** *Así que, somos embajadores en nombre de Cristo, como si Dios rogase por medio de nosotros; os rogamos en nombre de Cristo: Reconciliaos con Dios.*

Pablo habla de la reconciliación con Dios a la iglesia de los Corintios y no a los no creyentes. Así que los nacidos de nuevo necesitan un cambio que lleva tiempo. Es importante saber que cuanto más pongo mis pensamientos en línea con los de Dios más me reconcilio con Él.

Pablo exhorta a las personas ya convertidas a reconciliarse con Dios mediante la renovación de la mente como lo dice Pablo a los Colosenses:

> **Colosenses 1:21** *Y a vosotros también, que erais en otro tiempo extraños y enemigos en vuestra mente, haciendo malas obras, ahora os ha reconciliado.*

Éramos extraños y enemigos de Dios a causa de nuestros malos pensamientos y malas obras. Primero vienen los pensamientos y luego las acciones. Actuamos según lo que pensamos, por este motivo es muy importante renovar la mente.

Efesios 4:17-18 *Esto digo e insisto en el Señor: que no os conduzcáis más como se conducen los gentiles, en la vanidad de sus mentes, teniendo el entendimiento entenebrecido, alejados de la vida de Dios por la ignorancia que hay en ellos, debido a la dureza de su corazón.*

Repito, no porque eres una nueva criatura está todo resuelto, muchos creyentes son extraños a la vida de Dios porque todavía caminan en la vanidad de sus mentes, con *"el entendimiento entenebrecido"*. Solo mediante la renovación de la mente se forma la nueva criatura que somos en Cristo y por medio de ella, podemos experimentar la vida abundante de Dios.

Efesios 4:21-24 *Si en verdad le habéis oído y habéis sido enseñados en él, así como la verdad está en Jesús. Con respecto a vuestra antigua manera de vivir, despojaos del viejo hombre que está viciado por los deseos engañosos; pero renovaos en el espíritu de vuestra mente, y vestíos del nuevo hombre que ha sido creado a semejanza de Dios en justicia y santidad de verdad.*

Para poder despojarnos *"del viejo hombre que está viciado por los deseos engañosos"* y vestirnos del nuevo que ha sido creado a semejanza de Dios tenemos que ser renovados en el espíritu de nuestra mente sin renovación de la mente no hay transformación. Es importante saber que cuando nos convertimos, Dios cambia nuestro corazón de piedra a uno de carne por Su Espíritu:

Ezequiel 36:26 *Os daré corazón nuevo, y pondré espíritu nuevo dentro de vosotros; y quitaré de vuestra carne el corazón de piedra, y os daré un corazón de carne.*

Dios cambia los corazones porque en los corazones de piedra no puede entrar la Palabra, pero Él no cambia la mente. La renovación de la mente es nuestra responsabilidad y tiene que comenzar el día en el que recibimos a Jesús y seguir hasta el día en que nos vayamos con Él.

Romanos 12:2 *No os conforméis a este siglo, sino transformaos por medio de la renovación de vuestro entendimiento, para que comprobéis cuál es la buena voluntad de Dios, agradable y perfecta.*

Para conocer la voluntad de Dios, no tengo que esforzarme, solo basta con renovar mi mente por medio de la Palabra de Dios. Dicho de otra manera, no tengo que poner el dedo en el fuego para comprender que el fuego quema.

¿Es la voluntad de Dios la paz? por supuesto, sin embargo si no renuevo mi mente, no puedo vivirla. La clave es llegar a entender que los sentimientos son buenos, pero poco fiables. Nunca confíes en tus propios sentimientos.

Jeremías 17:9 *Engañoso es el corazón más que todas las cosas, y perverso; ¿quién lo conocerá?*

El conocimiento es racional y pasa por la mente y no por el corazón que es engañoso. El sentimiento es más fuerte que la razón, esto significa que el corazón es más fuerte que la mente. Nuestro peor enemigo no es Satanás, somos nosotros mismos, además tenemos que saber que nuestra transformación, no vendrá por el cambio del corazón, sino vendrá por la renovación de la mente.

Sentimos lo que pensamos, ejemplo práctico: si te digo que pienses en morder un limón, automáticamente tus papilas gustativas empiezan a producir saliva,

> Si queremos sentir la paz de Dios, necesitamos sus pensamientos.

esto te hace comprender que con la mente puedes provocar sentimientos que influencian al cuerpo. Por lo tanto, si queremos sentir la paz de Dios, necesitamos sus pensamientos.

Jeremías 29:11 *Porque yo sé los pensamientos que tengo acerca de vosotros, dice Jehová, pensamientos de paz, y no de mal, para daros el fin que esperáis.*

Cuando somos carnales, somos como el pueblo de Dios liberado de Egipto que durante su camino por el desierto y en medio de las adversidades se quejaban diciendo ¿Por qué Dios nos sacó de Egipto para matarnos? Esto demuestra claramente que el Señor pudo liberar a una nación de la esclavitud de Egipto, pero no pudo sacar a Egipto de sus mentes.

Éxodo 17:3 *Así que el pueblo tuvo allí sed, y murmuró contra Moisés, y dijo: ¿Por qué nos hiciste subir de Egipto para matarnos de sed a nosotros, a nuestros hijos y a nuestros ganados?*

Dios los había liberado para llevarlos a una tierra de abundancia, pero una mente no renovada vive de lo que ve y no de lo que Dios dice. Solo una mente renovada que está fundada en la fe, puede entrar en la tierra prometida que representa una vida de victoria. El Señor nos salvó de la esclavitud del pecado para llevarnos a una tierra prometida donde se cumplirá el deseo de nuestros corazones, sin embargo durante el camino tenemos que dejar que Dios nos guíe con la razón y no con el corazón que es engañoso.

La palabra de Dios obra con la razón y el Espíritu Santo produce los sentimientos como el amor, el gozo, etc. Aun así para que los sentimientos sean estables necesitamos de la Palabra. La Palabra es la espada del Espíritu, si el Espíritu no encuentra dentro de ti la Palabra, no puede guiarte y sucederá que ante la adversidad tu mente pensará en el pasado y no en las bendiciones que Dios te ha preparado para el futuro. Recuerda que un creyente emotivo no va a ninguna parte.

Salmos 119:105 *Lámpara es a mis pies tu palabra, y lumbrera a mi camino.*

Tu presente es el resultado de las decisiones del pasado, no fue ni Dios ni el diablo que te obligaron a tomarlas apuntándote con un arma. Si quieres el futuro de Dios, estás obligado hoy a elegir lo que Dios te propone por medio de su Palabra y la guía del Espíritu Santo.

> Tu presente es el resultado de las decisiones del pasado.

No tenemos que olvidar que la ministración sólo ayuda a la persona 10-15%, y la propia persona tiene que hacer el resto a través de la renovación de la mente. Cuando recibes a Cristo dentro de ti, toma vida la nueva criatura formada a imagen de Dios, pero para que surja, hay que renovarse. Vemos el ejemplo en Saulo que se convierte en Pablo, Simón que se convierte en Pedro, Jacob que se convierte en Israel. De esta manera Cristo viene formado en nosotros.

Gálatas 4:19 *Hijitos míos, que vuelvo otra vez á estar de parto de vosotros, hasta que Cristo sea formado en vosotros.*

Con la ministración, veremos resultados inmediatos, puesto que si logramos que las heridas del pasado sean sanadas y las influencias demoníacas anuladas nos permitirán cerrar con el pasado, actuar más libremente en el presente y como consecuencia tomaremos decisiones diferentes que producirán resultados distintos a los obtenidos hasta este momento.

Sin embargo, si no renuevas tu mente, nunca podrás tener el futuro de Dios que se esconde en la nueva criatura que hay en ti, en tu espíritu. El problema surge cuando no hay conocimiento de que en realidad, *"Mi pueblo fue destruido, porque le faltó conocimiento"* (Oseas 4:6).

El pueblo es destruido por falta de conocimiento y no por falta de liberación y sanidad. Permíteme darte un ejemplo práctico para entender el discurso del corazón y la mente:

Hechos 2:12-13 *Y estaban todos atónitos y perplejos, diciéndose unos a otros: ¿Qué quiere decir esto? Mas otros, burlándose, decían: Están llenos de mosto.*

Cuando el Espíritu Santo descendió por primera vez, las personas estaban embriagadas de Su presencia, pero los inconversos pensaban que estaban borrachos, se burlaban de ellos y estaban confundidos puesto que este era el fruto de la unción sin la Palabra, porque la mente no renovada no entiende las cosas de Dios.

En un momento dado por la Palabra, Pedro explica que no estaban ebrios y lo hace a la luz de las Escrituras usando la razón para que todos pudieran entender lo que estaba sucediendo.

Pedro predica bajo la unción citando el libro del profeta Joel:

> **Hechos 2:17-21,37-38** *Y en los postreros días, dice Dios, Derramaré de mi Espíritu sobre toda carne, Y vuestros hijos y vuestras hijas profetizarán; Vuestros jóvenes verán visiones, Y vuestros ancianos soñarán sueños; Y de cierto sobre mis siervos y sobre mis siervas en aquellos días Derramaré de mi Espíritu, y profetizarán. Y Daré prodigios arriba en el cielo, Y señales abajo en la tierra, Sangre y fuego y vapor de humo; El sol se convertirá en tinieblas, Y la luna en sangre, Antes que venga el día del Señor, Grande y manifiesto; Y todo aquel que invoque el nombre del Señor, será salvo.... Al oír esto, se compungieron de corazón, y dijeron a Pedro y a los otros apóstoles: Varones hermanos, ¿qué haremos? Pedro les dijo: Arrepentíos, y bautícese cada uno de vosotros en el nombre de Jesucristo para perdón de vuestros pecados, y recibiréis el don del Espíritu Santo.*

Una vez que se comprende con la mente se compunge el corazón. Antes de recibir a Cristo éramos hijos del diablo. Pero solo después de haber escuchado la palabra de fe y de haber recibido a Cristo como Salvador nos convertimos en hijos de Dios. Únicamente después de la predicación de Pedro se convirtieron en hijos de Dios y es entonces cuando comenzó la renovación de sus mentes. No basta solo con la presencia de Dios, necesitamos también su Palabra.

Es fundamental que la persona que pide ser ministrada comprenda la realidad espiritual, que hay demonios derrotados que la atormentan mediante fortalezas en la mente. Es importante que la persona que está siendo ministrada entienda el proceso de la ministración y sobre todo que comprenda que la clave es el perdón. Por este motivo, antes de ministrar, pedimos a la gente que lea el libro ya que se explican todos estos principios. Un principio muy importante es que si la persona no está dispuesta a perdonar, no tendrá sentido la ministración.

Mateo 13:23 *Más el que fue sembrado en buena tierra, éste es el que oye y entiende la palabra, y da fruto; y produce a ciento, a sesenta, y a treinta por uno.*

Tenemos que hacer dos cosas que involucren a la razón: escuchar y comprender. No basta solo con escuchar, porque el dar fruto está relacionado con comprender. La unción nos capacita para predicar, sin embargo, lo que lleva a la conversión, es comprender lo que se escucha.

Mateo 13:19 *Cuando alguno oye la palabra del reino y no la entiende, viene el malo, y arrebata lo que fue sembrado en su corazón.*

Lo primero que tenemos que hacer es ayudar a las personas a comprender. La palabra *comprender* procede del latín y está formada por la preposición "con" y el verbo "comprehendere" capturar. Su significado es: aferrar, acoger con la mente el sentido de algo; por lo tanto, lo que se comprende tendremos que hacerlo nuestro y será como un ladrillo con el que se edificará.

La etimología de la palabra nos evidencia que esto ocurre siempre a través de un medio muy concreto: la mente, por esta razón es importante ayudar a las personas a comprender el por qué se encuentran en una determinada situación. Además es importante saber el motivo por el cual satanás tiene derecho en sus vidas y también entender que los traumas del pasado son puertas abiertas y puntos fuertes del enemigo. Por este motivo será fundamental derribar fortalezas. Todo este trabajo se establece por medio de la guía del Espíritu Santo que nos ha sido dado.

Romanos 5:5 *Y la esperanza no avergüenza; porque el amor de Dios ha sido derramado en nuestros corazones por el Espíritu Santo que nos fue dado.*

El Espíritu Santo trabaja con la intuición y la emoción; se trata de un conocimiento inmediato que no se avala del razonamiento. Durante la ministración el Espíritu Santo nos hará entender cosas que no se pueden comprender racionalmente. El trabajo de sanidad y liberación es simplemente la habilidad de llevar a la persona a conectarse con Jesús, en otras palabras, nos convertirnos en espirituales para recibir revelación y la espiritualidad está determinada según donde ponemos la mente.

Romanos 8:5 *Porque los que viven conforme a la carne piensan en las cosas de la carne;*

pero los que viven conforme al Espíritu, en las cosas del Espíritu.

Haciendo las preguntas correctas a la persona nos permite recibir revelación, pero para hacer este tipo de preguntas, es necesario antes de la ministración pasar tiempo orando en el Espíritu. Es importante saber que el diablo, trabaja con los sentimientos para atar a las personas.

Un ejemplo puede verse en la dinámica de las adicciones ya que todo lo que es vital para el cuerpo está vinculado con el placer: dormir, comer, procrear, etc. Por este motivo, cuando persistimos en repetir acciones que producen placer, como fumar, beber, drogarse, etc., la mente almacena estas acciones como indispensables para la supervivencia, y por eso se crean las adicciones. Las adicciones atan a las personas debido a que proporcionan un placer momentáneo que la carne quiere experimentar de continuo, a partir de este proceso nacen muchas de las fortalezas que dan derecho a los demonios derrotados a tener la mejor parte en nuestras vidas.

Capítulo 2

PENSAMIENTOS Y SENTIMIENTOS

Proverbios 23:7 *Porque cuál es su pensamiento en su mente, tal es él...*

Somos el resultado de nuestros pensamientos. Todo lo que nos rodea en este momento nace de un pensamiento: este libro, el teléfono móvil, nuestra ropa, el coche, la casa donde vivimos, etc. Y a saber, también nosotros estábamos en la mente de Dios antes de nacer.

La renovación se produce cuando cambiamos nuestro modo de pensar y como resultado de esto, cambia nuestro comportamiento, nuestras decisiones, nuestros logros, en fin toda nuestra vida.

Lo que pensamos procede de las imágenes que tenemos en la mente. La definición de pensamiento es una sucesión de imágenes, de estas imágenes surgen los pensamientos y a su vez los pensamientos crean sentimientos. Somos el resultado de nuestros pensamientos y si queremos cambiarnos a nosotros mismos tendremos que cambiar las imágenes de nuestra mente.

No es posible cambiar el pasado, pero sí es posible cambiar la imagen del pasado y esto se logra sólo por medio del Espíritu Santo a través la palabra de Dios.

> ### No es posible cambiar el pasado, pero sí es posible cambiar la imagen del pasado.

Cuando cambiamos la mente por medio de la Palabra, los pensamientos cambian y en consecuencia, también los sentimientos. Es inútil luchar contra los sentimientos ya que son más fuertes que el pensamiento, por este motivo hay que cambiarlos.

En la mente tenemos que hacer prevalecer las imágenes de lo que dice Dios y no lo que dice el mundo, dando prioridad a Su imagen. Así mismo por medio de Sus palabras recuperaremos la imagen que hemos perdido.

A modo de ejemplo: si fuiste abandonado y olvidado de niño, esas imágenes de abandono influyen en tu vida, en tus decisiones, en tu comportamiento, todo esto de modo inconsciente. No se puede cambiar el hecho de que hayas sido abandonado en el pasado, pero mediante la Palabra conseguimos cambiar esa imagen. La Biblia dice:

> **Isaías 49:15** *¿Acaso se olvidará la mujer de su bebé, y dejará de compadecerse del hijo de su vientre? Aunque ellas se olviden, yo no me olvidaré de ti.*

Dios ha prometido que no se olvidará de ti y que nunca te abandonará. Cuando lo que Dios dice prevalece en tu mente por encima de lo que has vivido, entonces las imágenes y tus pensamientos cambian, pero para esto se necesita una revelación.

El proceso es el siguiente: las imágenes crean pensamientos, los pensamientos crean sentimientos y los sentimientos determinan las acciones y la manera de hablar. Lo que hago y digo en el presente determina mi futuro.

No estudié específicamente toda la psicología, sólo estudié la dinámica de las relaciones, me gusta entender cómo funciona el cerebro. La psicología no cambia vidas, pero permite comprender el origen de tu comportamiento disfuncional que el diablo utiliza para atormentarte. Los psicólogos no te curan del dolor, pero te enseñan a vivir con él y a saber gestionarlo. Sólo el Espíritu Santo puede sanar tu dolor por medio de la sustitución de imágenes, la realidad por la verdad, y este es un paso clave para entender cómo funciona la sanidad y la liberación.

Piensa que toda tu vida está encerrada en forma de imágenes en tus neuronas, estas neuronas son como archivos, si a estos archivos los abrimos veremos escenas de nuestro pasado. Estas escenas están vinculadas a sentimientos, cuanto más fuertes son los sentimientos más fuertes es la imagen.

Tienes que tener presente que el diablo utiliza las escenas del pasado que te han causado dolor para atormentarte en el presente. Bíblicamente hablando estas son las fortalezas que tenemos que derribar porque son las que dan derecho a los demonios derrotados.

El Espíritu Santo sobrepone sus imágenes verdaderas para liberarte del lazo del enemigo. La sanidad interior se produce cuando por medio del perdón separamos el pensamiento de los sentimientos, quitándoles así el derecho a los demonios. Más adelante explicaré el proceso con más detalle.

Recuerda que éramos enemigos de Cristo a causa de nuestros pensamientos y obras malvadas (vea Colosenses 1:21), pero las obras son el fruto de los pensamientos, por esta razón lo que cuenta no son tanto las acciones sino el pensamiento, y el pensamiento es producto de la imagen que tengo en mi mente. No nos olvidemos que Dios nos cambia el corazón, pero no nos cambia la mente. Nosotros tenemos la tarea de renovar la mente.

> Dios nos cambia el corazón, pero aun así nosotros tenemos que renovar la mente.

Es importante tener revelación porque la verdad de la revelación se graba en tu mente subconsciente y de esta forma puedes cambiar tus pensamientos y renovar tu mente. A la mente podemos dividirla en tres áreas: mente consciente, inconsciente y subconsciente.

Mente consciente

La mente consciente es la que desarrolla directamente la inteligencia y mediante la cual adquirimos conocimiento, a esta la conocemos como mente lógica o racional que nos permite tomar decisiones adecuadas en situaciones o momentos específicos. La mente consciente es la que utilizamos para saber cómo hacer las cosas cotidianas, cómo estar atentos a los detalles y además nos permite llevar a cabo nuestras acciones. La mente consciente muchas veces hace uso de recuerdos y memorias almacenadas, por lo que tiende a desarrollar y mejorar sus habilidades con el pasar del tiempo, pero lo más curioso es que cuanto más desarrollamos conscientemente una habilidad, más se vuelve sub-consciente hasta convertirse en inconsciente.

Mente subconsciente

La mente subconsciente es la mente emocional, es la que se deja alcanzar por los gustos, los deseos y el corazón. Subconscientemente creamos fuertes vínculos neuronales hacia determinadas cosas o personas.

Una ilustración concreta sería el hecho de tener la costumbre de aparcar el coche en un sitio determinado. Cuando cambio de aparcamiento, la mente consciente tiene tendencia a volver al viejo lugar, de hecho es muy probable que tarde un día o más en recordar el nuevo sitio. Esto se debe a que la conexión neuronal tiene que fortalecerse en modo subconsciente hacia el nuevo lugar, mientras que tenemos que razonar conscientemente para encontrar el nuevo aparcamiento.

Por esto, cuanto más realizamos y mejoramos una acción conscientemente, más subconsciente se vuelve, hasta el punto de volverse inconsciente en ocasiones. Sin embargo esto no solamente ocurre con las acciones cotidianas, sino que también ocurre con nuestros sentimientos. Ya que cuando nos acostumbramos a estar con alguien, a compartir buenos momentos y emociones, nuestra mente subconsciente fortalece sus conexiones neuronales con esa persona y puede dar lugar posteriormente a la manifestación de amor y afecto.

Por esto es tan duro para una madre perder un hijo, porque la conexión es sólida como una roca, esta unión empieza a formarse ya desde la concepción.

Nuestra mente subconsciente se encarga de obligarnos a realizar acciones que en ocasiones consideramos irracionales, como cuando sentimos el impulso de comprar cosas inútiles o de sentirnos tristes o enfadados. Mediante la mente subconsciente, se tiene acceso a todos los recuerdos que el cerebro tiene almacenados y aquí es donde se encuentran las heridas, los traumas del pasado que la Biblia llama fortalezas y que dan derecho a demonios, ya derrotados, en la vida de las personas.

Todos los recuerdos de nuestra vida están almacenados en las neuronas ya que conscientemente es imposible recordarlo todo. No obstante, las cosas que tu creías haber olvidado, pueden ser recordadas, si tienes acceso a esta mente subconsciente. Lo podemos ver, al hablar con un viejo amigo sobre experiencias pasadas o escuchar una vieja canción.

Estas conversaciones o sonidos, en sí mismos, crean lazos en los recuerdos almacenados en nuestro cerebro que resurgen mediante nuestra mente subconsciente y es, gracias a esto, que podemos recordar cosas tan abstractas como los sentimientos, de cómo nos sentimos en un cierto lugar o con determinadas personas e incluso recordar los olores.

Mente inconsciente

Por último, nuestra mente inconsciente, la más primitiva de todas, es la que almacena las experiencias que el ser humano ha tenido en sus años de existencia, además es la encargada de gestionar cuestiones fisiológicas como la respiración. A modo de ejemplo uno puede controlar fácilmente la respiración de manera consciente, aumentarla, disminuirla o mantenerla en cualquier momento, pero cuando uno no lo hace, porque está ocupado en otras cosas, la mente inconsciente toma el control permitiendo nuestra supervivencia. Cuando se duerme, no se piensa en respirar, porque simplemente la mente consciente está dopada. Vive en el trance que le han impuesto las otras dos mentes, con la finalidad de proporcionar descanso al cuerpo y, como se ha descubierto recientemente, también consolidar la memoria a largo plazo (la verdadera función del sueño).

La mente inconsciente es la que nos hace cerrar los párpados cuando advertimos un potencial peligro que se acerca rápidamente. O la que nos hace levantar el brazo para protegernos y evitar un golpe en la cara. También es la mente la que nos permite sentir placer o dolor. Es esta quien se encarga de centrarnos en nuestra zona de confort y alejarnos de las aflicciones de la vida.

La idea es tratar de comunicarse con esta mente, hasta conseguir cambiar su manera de dominar nuestras acciones. Humanamente hablando es, definitivamente el ejercicio más difícil, no obstante, mediante la renovación de la mente por la Palabra hace que todo sea más fácil.

Mediante la renovación de la mente por la Palabra hace que todo sea más fácil.

La mente consciente (10%) tiene principalmente las siguientes funciones:

- ► Fuerza de voluntad
- ► Memoria a corto plazo
- ► Pensamiento lógico y crítico

Las mentes sub e inconsciente (90%) tiene las siguientes funciones:

- ► Gestión de acciones y pensamientos involuntarios
- ► Custodiar las emociones, que se manifiestan involuntariamente
- ► Custodiar la memoria inconsciente
- ► Custodiar las creencias inconscientes
- ► Gestionar la creatividad y la actividad del sueño
- ► Almacenar instintos e impulsos
- ► Gestión de la intuición

El subconsciente y el inconsciente son responsables de los actos reflejos, son la sede de la personalidad y las emociones. Las dos mentes tienen una dimensión mucho más grande que la mente consciente y, por esto, tiene más poder para determinar la vida de una persona.

He podido comprobar mediante distintos estudios que la elección de la persona con la que nos casamos, no surge del amor en sí, sino que inconscientemente elegimos a una persona para que supla la mayor parte de nuestros miedos. Con la parte consciente hemos dicho en el altar: "Sí lo quiero" o "sí la quiero", pero esa declaración era sólo el 10% de la elección, el otro 90% nace del subconsciente y del inconsciente.

El nuevo nacimiento o el recibir a Jesucristo como Señor es la combinación de las tres mentes mediante la predicación de la fe por medio del Espíritu. La Palabra toca la parte racional, el Espíritu Santo la parte emocional e intuitiva. Permítanme darles un ejemplo práctico para explicar mejor este concepto.

Gálatas 3:1-2 *¡Oh gálatas insensatos! ¿quién os fascinó para no obedecer a la verdad, a vosotros ante cuyos ojos Jesucristo fue ya presentado claramente entre vosotros como crucificado? Esto solo quiero saber de vosotros: ¿Recibisteis el Espíritu por las obras de la ley, o por el oír con fe?*

Literalmente, nacemos de nuevo cuando recibimos el Espíritu Santo, que no se puede recibir por obras humanas, sino sólo después de oír la predicación de la fe. La predicación de la fe en sí misma, ha creado el retrato de Cristo crucificado en tu mente. Así mismo cuando alguien te cuenta una historia, las palabras de esa historia crean imágenes en tu mente, del mismo modo esas imágenes pueden crear sentimientos, pero al no tener la vida de Dios en ellas no pueden producir una transformación.

Juan 6:63 *El espíritu es el que da vida; la carne nada aprovecha: las palabras que yo os he hablado, son espíritu y son vida.*

La palabra "presentado" en el versículo 1 del capítulo 3 de Gálatas viene de la palabra griega *prographó* que significa grabado delante.

En otras palabras, cuando oímos la predicación de Cristo crucificado, esa predicación llena de vida y junto al Espíritu de Dios graban en mis neuronas un acontecimiento que ocurrió hace más de dos mil años y que en el presente sigue transformando personas produciendo el nuevo nacimiento.

Romanos 10:10 *Porque con el corazón se cree para justicia, y con la boca se hace confesión para salvación.*

Si hoy nos hemos convertido en templo del Espíritu Santo, es porque creímos con el corazón (parte emocional) para obtener justicia mediante el sacrificio de Cristo, confesamos con nuestra boca (parte racional) que Jesucristo es el Señor. Esta es la primera transformación que acontece en nosotros por medio de la renovación de la mente. La Palabra de Dios, que es como una espada de doble filo (vea Hebreos 4:12), ha grabado en nuestras mentes la verdad, las buenas nuevas y el evangelio de la gracia, pero esto es sólo el principio.

Colosenses 2:6 *Por tanto, de la manera que habéis recibido a Cristo Jesús el Señor, así andad en él.*

La transformación es el resultado de creer con el corazón y confesar con la boca la palabra revelada, así como hicimos cuando recibimos a Jesucristo. Cada revelación sella en mi subconsciente las imágenes de lo que dice la verdad produciendo inconscientemente acciones que están en la voluntad de Dios de una manera suave y ligera. Si la verdad de que todo es posible para el que cree, penetra mediante la revelación en tu subconsciente todas las cosas serán posibles para ti.

Capítulo 3

REVELACIÓN

La definición de revelación es la manifestación de hechos reservados u ocultos difícilmente accesibles o disponibles. En otras palabras, sería sacar a la luz algo oculto.

1 Corintios 2:16 *Porque ¿quién ha conocido la mente del Señor, para que le instruya? Mas nosotros tenemos la mente de Cristo.*

Por haber creído en la predicación de la fe, dentro de nuestro espíritu, entra a morar el Espíritu Santo. Por ende, tenemos la mente de Cristo.

La revelación es la combinación del Espíritu con la Palabra. La Palabra sin el Espíritu sólo produce información, que reside en la parte consciente y en consecuencia no produce transformación. Solamente cuando la Palabra se une con el Espíritu, viene la revelación que pasa a formar parte del subconsciente y gracias a esto se produce la transformación en la persona.

Salmos 119:130 *La exposición de tus palabras alumbra; hace entender a los simples.*

Esta inteligencia espiritual que nos hace entender, no es el resultado del estudio, más bien de la luz producida

La Palabra sin el Espíritu sólo produce información.

por la exposición o revelación de la Palabra que pasa de la mente de Cristo directamente a mi mente. La revelación nace de la reflexión o meditación de la Palabra de Dios. Para entenderlo leamos el siguiente pasaje bíblico:

Mateo 16:15-17 *Él les dijo: Y vosotros, ¿quién decís que soy yo? Respondiendo Simón Pedro, dijo: Tú eres el Cristo, el Hijo del Dios viviente. Entonces le respondió Jesús: Bienaventurado eres, Simón, hijo de Jonás, porque no te lo reveló carne ni sangre, sino mi Padre que está en los cielos.*

Mediante esta pregunta, Jesucristo intenta hacerles meditar, porque la revelación nace de la meditación.

Las preguntas que nos hacemos son fundamentales para que surja la revelación. De hecho, como veremos en la parte práctica más adelante, todo el trabajo viene determinado por las preguntas que se les hacen a las personas durante la ministración.

Jesús hace una pregunta: *"Y vosotros, ¿quién decís que soy yo? Respondiendo Simón Pedro, dijo: Tú eres el Cristo, el Hijo del Dios viviente"*. ¡Y he aquí una revelación! Más tarde Jesús tiene que explicar a Pedro que se trataba de una revelación, que venía directamente del Padre que está en los cielos.

Hoy gracias al Espíritu en nosotros, la revelación se da adentro hacia fuera, y no de arriba hacia abajo. ¿Tienes algún problema físico? La Palabra dice: *"por su llaga fuimos nosotros curados"* (Isaías 53:5).

Estas palabras crean una imagen en la mente, "la sanidad", que es el puerto adonde quisieras llegar. Esta primera imagen produce esperanza. Pero la esperanza no le agrada a Dios, a Dios le agrada la fe. *"La fe es la certeza de lo que se espera, la convicción de lo que no se ve"* (Hebreos 11:1). Solamente cuando lo que espero se convierte en certeza, se manifiesta lo que no veo, en este caso es la sanidad. **Aquí está la revelación.**

La verdad es la Palabra de Dios y si Dios lo dice, es verdad. Muchas veces, **la realidad** te dice lo contrario, ejemplo "Estoy enfermo". Mientras que **la verdad**, te dice: *"por su llaga fuimos nosotros curados".*

La revelación permite que esa verdad que no se ve, se convierta en realidad tangible. La realidad nace de la información y la verdad de la revelación.

Repito este concepto tan importante: Mientras la Palabra esté en la parte consciente nada cambia, ya que tiene que llegar a la parte subconsciente para poder controlar los sentimientos, las acciones y la manera de hablar. Este es el resultado de la meditación.

> La realidad nace de la información y la verdad de la revelación.

Mateo 26:31-35 *Entonces Jesús les dijo: Todos vosotros os escandalizaréis de mí esta noche; porque escrito está: Heriré al pastor, y las ovejas del rebaño serán dispersadas. Pero después que haya resucitado, iré delante de vosotros a Galilea. Respondiendo Pedro, le dijo: Aunque todos se escandalicen de ti, yo nunca me escandalizaré. Jesús le dijo: De cierto te digo que esta noche, antes que el gallo cante,* *me negarás tres veces. Pedro le dijo: Aunque me sea necesario morir contigo, no te negaré. Y todos los discípulos dijeron lo mismo.*

Jesús habló por medio de la revelación y en su subconsciente sabía que tenía que morir por la humanidad, en cambio Pedro responde con la parte consciente: *"Aunque me sea necesario morir contigo, no te negaré"* Él estaba convencido de que nunca negaría a Jesús. La verdad de lo que somos y hacemos reside en el subconsciente. *"De cierto te digo que esta noche, antes que el gallo cante, me negarás tres veces"*. Nadie podía convencer a Pedro de lo contrario, sin embargo cuando llega el momento, Pedro, movido por el subconsciente, responde inconscientemente:

Mateo 26:69-75 *Pedro estaba sentado fuera en el patio; y se le acercó una criada, diciendo: Tú también estabas con Jesús el galileo. Mas él negó delante de todos, diciendo: No sé lo que dices. Saliendo él a la puerta, le vio otra, y dijo a los que estaban allí: También éste estaba con Jesús el nazareno. Pero él negó otra vez con juramento: No conozco al hombre. Un poco después, acercándose los que por allí estaban, dijeron a Pedro: Verdaderamente también tú eres de ellos, porque aun tu manera de hablar te descubre. Entonces él comenzó a maldecir, y a jurar: No conozco al hombre. Y en seguida cantó el gallo. Entonces Pedro se acordó de las palabras de Jesús, que le había dicho: Antes que cante el gallo, me negarás tres veces. Y saliendo fuera, lloró amargamente.*

Consciente: *"¡Jamás te voy a negar!"*. Inconsciente movido por el Subconsciente: *"¡No lo conozco!"*

Lo que realmente somos viene determinado por las imágenes que predominan en nuestro subconsciente. Sí, es verdad que en Cristo somos una nueva criatura. No obstante hasta que no renovemos nuestra mente, esa nueva naturaleza nunca se manifestará ni en tus palabras ni en tus acciones.

Espíritu, alma y cuerpo

Para comprender más en profundidad el proceso de la transformación, tenemos que ver como Dios nos ha creado.

1 Tesalonicenses 5:23 *Y el mismo Dios de paz os santifique por completo; y todo vuestro ser, espíritu, alma y cuerpo, sea guardado irreprensible para la venida de nuestro Señor Jesucristo.*

Así como Dios es Padre, Hijo y Espíritu Santo, nosotros también somos trinos. Formados de alma, cuerpo y espíritu. El alma recibe la información del mundo físico a través del cuerpo, mientras que la información del mundo espiritual la recibe del espíritu.

El alma recibe la información del mundo físico a través del cuerpo, mientras que la información del mundo espiritual la recibe del espíritu.

Génesis 2:7 *Entonces Jehová Dios formó al hombre del polvo de la tierra, y sopló en su nariz aliento de vida, y fue el hombre un ser viviente.*

Zacarías 12:1 *Profecía de la palabra de Jehová acerca de Israel. Jehová, que extiende los cielos* *y funda la tierra, y forma el espíritu del hombre dentro de él.*

Dios forma el cuerpo de la tierra, luego forma el espíritu dentro del recipiente, que es el cuerpo, después sopla, aliento de vida y de esta manera da el alma al hombre.

Eclesiastés 12:7 *Y el polvo vuelva a la tierra, como era, y el espíritu vuelva a Dios que lo dio.*

Cuando el hombre muere, el cuerpo vuelve a la tierra, el espíritu a Dios, y el alma de los que lo han conocido va al cielo, de lo contrario se va bajo tierra es decir al infierno.

Romanos 3:23 *Por cuanto todos pecaron, y están destituidos de la gloria de Dios.*

Después del pecado, la parte espiritual muere. El Espíritu Santo se separa del espíritu del hombre, y el pecado viene a morar en la carne. Por este motivo necesitamos nacer de nuevo mediante la predicación de la fe que nos permite recibir el Espíritu Santo. Es el Espíritu Santo quien nos capacita para recibir información espiritual y renovar la mente por medio de la Palabra de adentro hacia fuera.

2 Corintios 3:18 *Por tanto, nosotros todos, mirando a cara descubierta como en un espejo la gloria del Señor, somos transformados de gloria en gloria en la misma imagen, como por el Espíritu del Señor.*

Cristo y Palabra son sinónimos. Por este motivo cuando Juan habla del Señor, se refiere a Jesús que es la Palabra (vea Juan 1:14). La Palabra es como un espejo, cuando me reflejo, según lo que Dios dice de mí, lo creo con el corazón, confesándolo con la boca, se produce el proceso de transformación de gloria en gloria.

Génesis 1:27 *Y creó Dios al hombre a su imagen, a imagen de Dios lo creó; varón y hembra los creó.*

En el principio, Dios creó a Adán con sus partes masculinas y femeninas que contenían la imagen completa de Dios.

Génesis 3:1-5 *Pero la serpiente era astuta, más que todos los animales del campo que Jehová Dios había hecho; la cual dijo a la mujer: ¿Conque Dios os ha dicho: No comáis de todo árbol del huerto? Y la mujer respondió a la serpiente: Del fruto de los árboles del huerto podemos comer; pero del fruto del árbol que está en medio del huerto dijo Dios: No comeréis de él, ni le tocaréis, para que no muráis. Entonces la serpiente dijo a la mujer: No moriréis; sino que sabe Dios que el día que comáis de él, serán abiertos vuestros ojos, y seréis como Dios, sabiendo el bien y el mal.*

Eva no estaba presente cuando Dios le dijo a Adán que no comiera del fruto. Además, Dios no dijo nunca que no lo tocara. Asimismo, satanás añadió que ni siquiera lo tocara, dando así más fuerza a la ley que mata.

Adán y Eva ya eran como Dios y aun así la serpiente consiguió engañarlos. Después del pecado la información del bien y del mal fue dada por la carne por medio de los cinco sentidos y ya no por el Espíritu.

El universo entero también vio alterado su equilibrio. Después del pecado, cambian su manera de pensar debido a que pierden la gloria de Dios. Además, las imágenes de Dios son reemplazadas por las del diablo.

Génesis 3:10-12 *Y él respondió: Oí tu voz en el huerto, y tuve miedo, porque estaba desnudo; y me escondí. Y Dios le dijo: ¿Quién te enseñó que estabas desnudo? ¿Has comido del árbol de que yo te mandé no comieses? Y el hombre respondió: La mujer que me diste por compañera me dio del árbol, y yo comí. Entonces Jehová Dios dijo a la mujer: ¿Qué es lo que has hecho? Y dijo la mujer: La serpiente me engañó, y comí.*

No más Adán sintió la voz de Dios sin el Espíritu Santo, y tuvo miedo. Aquí podemos ver claramente como el diablo consigue crear imágenes erróneas *"Oí tu voz en el huerto, y tuve miedo"*, esta es la primera vez que encontramos la palabra miedo en la Biblia.

Las imágenes erróneas producen pensamientos erróneos, los pensamientos erróneos producen sentimientos erróneos y los sentimientos erróneos producen palabras y acciones erróneas. En lugar de correr a los brazos del Padre, (Adán y Eva) se esconden y comienza la justificación y el intercambio de culpas. De esta manera fue como satanás consiguió apoderarse del destino de la humanidad.

Satanás quiere tu lengua

Santiago 3:4-6 *Mirad también las naves; aunque tan grandes, y llevadas de impetuosos vientos, son gobernadas con un muy pequeño timón por donde el que las gobierna quiere. Así también la lengua es un miembro pequeño, pero se jacta de grandes cosas. He aquí, ¡cuán grande* *bosque enciende un pequeño fuego! Y la lengua es un fuego, un mundo de maldad. La lengua está puesta entre nuestros miembros, y contamina todo el cuerpo, e inflama la rueda de la creación, y ella misma es inflamada por el infierno.*

Santiago explica que la lengua es como el timón de un barco. Así como es imposible que un barco llegue al puerto deseado si el timón apunta en una dirección contraria, de la misma manera es imposible que el hombre llegue a la realización de sus deseos, si las palabras que salen de su boca dicen lo contrario.

"Y dijo Dios: Sea la luz; y fue la luz" (Génesis 1:3), desde el momento que fuimos creados a la imagen de Dios, cuando yo digo lo que Dios dice y no dudo en mi corazón, se manifiesta. Si yo digo "Yo puedo hacer todas las cosas" y no dudo, yo voy a poder hacer todas las cosas (vea Marcos 11:23).

> Es imposible que el hombre llegue a la realización de sus deseos, si las palabras que salen de su boca dicen lo contrario.

Santiago 3:2 *Porque todos ofendemos muchas veces. Si alguno no ofende en palabra, éste es varón perfecto, capaz también de refrenar todo el cuerpo.*

La perfección, a la luz de las Escrituras no se determina por las acciones, sino por las palabras. Esta es la razón por la cual satanás está interesado en la lengua, ya que una vez que él tiene el control de tu lengua, puede tener el control total de tu vida para llevarte hacia su destino y no al de Dios. Este principio se ve muy claramente en la vida de Job:

Job 1:9-11 *Respondiendo Satanás a Jehová, dijo: ¿Acaso teme Job a DIOS de balde? ¿No le has cercado alrededor a él y a su casa y a todo lo que tiene? Al trabajo de sus manos has dado bendición; por tanto, sus bienes han aumentado sobre la tierra. Pero extiende ahora tu mano y toca todo lo que tiene, y verás si no blasfema contra ti en tu misma presencia.*

En el versículo 1 Dios describe a Job: *"y era este hombre perfecto y recto, temeroso de Dios y apartado del mal"* (Job 1:1). Lo único que le importaba a satanás era el temor de Dios de Job, ya que debido a este temor no podía tocarlo. Nadie nace con el temor de Dios; se aprende por medio de las Escrituras.

Deuteronomio 17:19 *Y lo tendrá consigo, y leerá en él todos los días de su vida, para que aprenda a temer a Jehová su Dios, para guardar todas las palabras de esta ley y estos estatutos, para ponerlos por obra.*

El temor de Dios que proviene de las Escrituras me hace hablar bien, en sintonía con la Palabra de Dios. La misma Palabra que produce la fe, es la que nos permite resistir al diablo y hacerle huir de nosotros. Cuando hablo con el temor de Dios hay protección.

Salmos 34:7 *El ángel de Jehová acampa alrededor de los que le temen, Y los defiende.*

El temor de Dios hace que los ángeles acampen alrededor tuyo por el simple hecho de que cuando hablamos con el temor de Dios hablamos en acuerdo con la Palabra.

Salmos 103:20 *Bendecid a Jehová, vosotros sus ángeles, Poderosos en fortaleza, que ejecutáis su palabra, Obedeciendo a la voz de su precepto.*

Cuando hablamos en sintonía con la Palabra, los ángeles obedecen y operan a tu favor para protegerte, no solo a ti, sino también a tu familia y a todo lo que posees. Por este motivo satanás está tan interesado en poseer tu boca.

Job 2:4-5 *Respondiendo Satanás, dijo a Jehová: Piel por piel, todo lo que el hombre tiene dará por su vida. Pero extiende ahora tu mano, y toca su hueso y su carne, y verás si no blasfema contra ti en tu misma presencia.*

En este pasaje podemos ver como Satanás ataca primeramente las posesiones, después a los sirvientes y por último a sus hijos. La estrategia era tocar el corazón, una vez tocado el corazón podía tocar el cuerpo. *"Mas por el dolor del corazón el espíritu se abate"* (Proverbios 15:13) y *"Mas el espíritu triste seca los huesos"* (Proverbios 17:22).

Satanás no toca el cuerpo sin haber tocado primero el corazón, ya que si hubiera conseguido que Job maldijera a Dios, hubiese tenido el control total de su vida.

Hagamos un repaso del proceso:

1. **lo que veo** – produce pensamientos;

2. **lo que pienso** – produce sentimientos;

3. **lo que siento** – determina lo que digo y hago.

Job 2:9 *Entonces le dijo su mujer: ¿Aún retienes tu integridad? Maldice a DIOS, y muérete.*

Todo lo que satanás quería era que Job maldijera a Dios. Para conseguirlo le arrebata sus posesiones y a sus hijos, abatiendo su corazón y tocando su cuerpo.

Por último, vemos como por medio de su mujer, el diablo intenta hacer maldecir a Job y aquí se comprende por qué la había dejado con vida, era un instrumento útil en sus manos. Lo que nos hace estar firmes al hablar es siempre el temor de Dios.

Capítulo 4

HABLAR BIEN

Un querido amigo militar me habló de la RAI que significa "Reacción automática inmediata". Es un entrenamiento que permite al soldado reaccionar de forma automática e instintiva en situaciones de peligro para salvar su vida y este concepto también lo encontramos en la Palabra:

> **1 Pedro 1:13** *Por eso, con la mente preparada para actuar y siendo sobrios, pongan su esperanza completamente en la gracia que les es traída en la revelación de Jesucristo.*

Significa que debemos haber sellado en la mente subconsciente nuestro comportamiento automático sin tener que pasar por la mente racional y consciente. Una forma de entender cómo eres realmente es analizar tu comportamiento en sueños. Por ejemplo, si en un sueño ante la adversidad huyes, lo más probable es que ocurra en la realidad.

La Palabra de Dios trabaja en el subconsciente. Cuando recibes la revelación de que eres más que un vencedor, sucede que en el momento que se presenta la adversidad, reaccionas como tal, ya que esa imagen es la que prevalece en tu mente ante una dificultad.

Tu reacción no será consciente sino inconsciente porque es instintiva. De igual modo, si no has renovado tu mente, tu reacción será carnal y no de "vencedor". Renovar tu mente te permite declarar, confesar de manera justa. Recuerda que las palabras tienen un gran poder.

> Renovar tu mente te permite declarar, confesar de manera justa.

La transformación se produce por medio de la renovación de la mente, esta última tiene lugar cuando la revelación de la Palabra de Dios está sellada en tu mente. Ante cada experiencia vital, reaccionarás según lo que dice la Palabra y no según lo que ves en el mundo real. Veamos un ejemplo práctico:

1 Samuel 17:46 *Jehová te entregará hoy en mi mano, y yo te venceré, y te cortaré la cabeza...*

Es una proclamación de fe. Hoy el Señor te entregará en mis manos y te derribaré; te cortaré la cabeza. Cuando leí esta frase llena de certeza y coraje, me quedé estupefacto, sobre todo porque David no tenía una espada, sino una honda.

1 Samuel 17:51 *Entonces corrió David y se puso sobre el filisteo; y tomando la espada de él y sacándola de su vaina, lo acabó de matar, y le cortó con ella la cabeza...*

Veamos primero la dinámica de la mente. El cerebro tiene un sistema dualista, las células cerebrales almacenan información en forma de imágenes que producen pensamientos. De hecho, la definición de pensamiento, como ya hemos visto, es una sucesión de imágenes.

El pensamiento produce sentimiento y el sentimiento se manifiesta en lo que hago y digo. Así que para cambiar mi forma de actuar y de hablar tengo que cambiar las imágenes.

Las células cerebrales son como "archivos" que contienen imágenes positivas y negativas vinculadas a los cinco sentidos. Cuando en el presente uno de los cinco sentidos percibe una sensación vinculada al contenido positivo del "archivo" me da una sensación de bienestar. Del mismo modo, en el cerebro hay "archivos" que contienen imágenes negativas vinculadas también a los cinco sentidos, y cuando ocurre algo en el presente que nos llevan a las imágenes negativas comenzamos a sentirnos mal.

Veremos cómo este sistema dualista actuó en David, permitiéndole hacer una poderosa declaración de fe que se cumplió posteriormente. ¡Te cortaré la cabeza! Todo comenzó con las enseñanzas de la Palabra de Dios transmitidas por sus padres.

Deuteronomio 6:6-7 *Y estas palabras que yo te mando hoy, estarán sobre tu corazón; y las repetirás a tus hijos, y hablarás de ellas estando en tu casa, y andando por el camino, y al acostarte, y cuando te levantes.*

Las palabras que tenemos en la mente son informaciones, cuando estas pasan al corazón, se convierten en revelación y nos impulsan a la reacción automática e inmediata, la RAI que hablamos anteriormente.

Uno de los mandamientos del Señor es que los padres compartan la Palabra con sus hijos. La Palabra transmitida tiene que estar en el corazón de los padres, pues de lo contrario se comparte solo información. Y por consecuencia la mente no reacciona frente a una adversidad. Este es el concepto del RAI. Por este motivo estoy convencido de que una de las muchas historias que el padre de David le cuenta, es la de Sansón que leeremos a continuación:

Jueces 14:5-6 *Y Sansón descendió con su padre y con su madre a Timnat; y cuando llegaron a las viñas de Timnat, he aquí un león joven que venía rugiendo hacia él. Y el Espíritu de Jehová vino sobre Sansón, quien despedazó al león como quien despedaza un cabrito, sin tener nada en su mano; y no declaró ni a su padre ni a su madre lo que había hecho.*

Me imagino al pequeño David sentado junto a su padre escuchando historias de los héroes de la fe, no puedo imaginar a su papá contando historias de Harry Potter, seguramente mientras su padre narraba la victoria de Sansón enfrentándose con el león, el Espíritu Santo, por medio de la Palabra, grababa esa imagen en el subconsciente del pequeño David. Dios, por medio de su padre, estaba entrenando al pequeño David para la batalla que le permitiría cumplir su destino.

1 Samuel 17:22-27 *Entonces David dejó su carga en mano del que guardaba el bagaje, y corrió al ejército; y cuando llegó, preguntó por sus hermanos, si estaban bien. Mientras él hablaba con ellos, he aquí que aquel paladín que se ponía en medio de los dos campamentos, que se llamaba Goliat, el filisteo de Gat, salió de entre las filas de los filisteos y habló las mismas palabras, y las oyó David. Y todos* *los varones de Israel que veían aquel hombre huían de su presencia, y tenían gran temor. Y cada uno de los de Israel decía: ¿No habéis visto aquel hombre que ha salido? El se adelanta para provocar a Israel. Al que le venciere, el rey le enriquecerá con grandes riquezas, y le dará su hija, y eximirá de tributos a la casa de su padre en Israel. Entonces habló David a los que estaban junto a él, diciendo: ¿Qué harán al hombre que venciere a este filisteo, y quitare el oprobio de Israel? Porque ¿quién es este filisteo incircunciso, para que provoque a los escuadrones del Dios viviente? Y el pueblo le respondió las mismas palabras, diciendo: Así se hará al hombre que le venciere.*

David ya había sido ungido para ser rey, el problema era que no tenía sangre real, pero cuando oyó que parte de la recompensa que había por vencer al gigante era la mano de la hija del rey, él ve la oportunidad de cumplir su destino. Nunca olvides que en la adversidad siempre se esconde una oportunidad. La batalla para David no comienza cuando se enfrenta a Goliat, sino que empieza a través de su hermano que es usado por satanás.

> En la adversidad siempre se esconde una oportunidad.

1 Samuel 17:28-29 *Y oyéndole hablar Eliab su hermano mayor con aquellos hombres, se encendió en ira contra David y dijo: ¿Para qué has descendido acá? ¿Y a quién has dejado aquellas pocas ovejas en el desierto? Yo conozco tu soberbia y la malicia de tu corazón,* *que para ver la batalla has venido. David respondió: ¿Qué he hecho yo ahora? ¿No es esto mero hablar?*

Fíjate como el hermano mayor quiere desmoralizarlo. Pero tú, ante una situación adversa recuerda siempre:

Efesios 6:12 *Porque no tenemos lucha contra sangre y carne, sino contra principados, contra potestades, contra los gobernadores de las tinieblas de este siglo, contra huestes espirituales de maldad en las regiones celestes.*

Detrás del hermano mayor había demonios que utilizaban su lengua para lanzarle dardos de fuego con el fin de hacerle fracasar en la fe. El segundo ataque del enemigo no viene por parte de otro hermano, sino por la autoridad, el rey en persona.

1 Samuel 17:33 *Dijo Saúl a David: No podrás tú ir contra aquel filisteo, para pelear con él; porque tú eres muchacho, y él un hombre de guerra desde su juventud.*

Leyendo el contexto, se puede comprender el terror que sentía todo el pueblo, incluido el propio rey Saúl hacia Goliat por su tamaño. En cambio David no tenía miedo, y ¿sabes por qué? Porque Dios utilizó un mecanismo con él para que no sintiera temor y no solo eso, sino que además hizo que pudiera ver la oportunidad en la adversidad.

Cuando David se presenta ante el rey Saúl, es decir, la autoridad, éste lo desprecia y le manda una maldición: *"No podrás...porque tú eres muchacho"*. Notamos que no mentía ya que David era efectivamente un muchacho, sino que la mentira estaba en el *"No podrás"* porque *"todo lo puedo en Cristo que me fortalece"* (Filipenses 4:13). David tenía su mente puesta en la acción y las imágenes que tenía en su mente, eran imágenes de victoria que nacieron en el hecho que había vencido a un león y a un oso.

1 Samuel 17:34-36 *David respondió a Saúl: Tu siervo era pastor de las ovejas de su padre; y cuando venía un león, o un oso, y tomaba algún cordero de la manada, salía yo tras él, y lo hería, y lo libraba de su boca; y si se levantaba contra mí, yo le echaba mano de la quijada, y lo hería y lo mataba. Fuese león, fuese oso, tu siervo lo mataba; y este filisteo incircunciso será como uno de ellos, porque ha provocado al ejército del Dios viviente.*

Presta atención, ante la maldición del rey: ¡No puedes! Él responde: ¡Sí! ¡Puedo! Porque en su mente prevalecían imágenes de victorias arraigadas en el subconsciente. Fíjate en el orden: primero vence al león, luego al oso y por último al filisteo. Veamos el porqué de este orden.

En la mente tenemos un sistema de dualismo en el sentido de que todas las imágenes almacenadas en la mente pueden conectar en el presente con sucesos similares ya sean positivos o negativos a través de los cinco sentidos. A modo de ejemplo, si has tenido un trauma de abandono y la persona que te dejó antes de irse dio un violento portazo, esa imagen reside en el subconsciente y por esta razón cada vez que oigas un portazo te sentirás mal sin saber conscientemente por qué. Personalmente, cuando siento el olor del pino, me siento bien porque me vienen a la memoria los buenos recuerdos de la infancia con mi familia en la ciudad costera de Pinamar, ciudad costera llena de pinos.

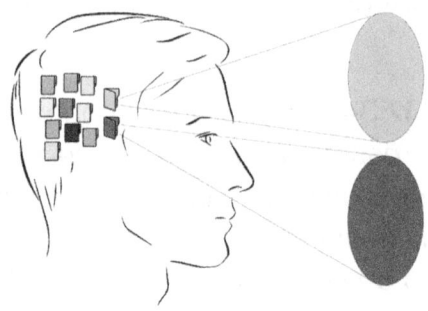

Volviendo a David, enfrentado al león, la primera imagen sellada en su mente fue la de Sansón contada por su padre. Como la Palabra de Dios ordenaba a los padres hacer con sus hijos. De hecho, cuando David cuenta que mata al león dice que usó sus manos y no su honda, lo mató usando la técnica de Sansón.

Así funciona el dualismo en la práctica: David ve al león y le viene a la memoria la imagen del relato de su padre y de cómo Sansón había matado al león. Gracias al relato de la Palabra de Dios, esa Palabra viva y eficaz que contiene la naturaleza de Dios, permite a David experimentar su primera victoria en el mundo físico. Después de la victoria con el león, David cuenta que había tenido una segunda victoria, pero esta vez con un oso.

El proceso es el mismo, la victoria que había tenido con el león, en este momento tenía aún más fuerza, no sólo porque estaba sellada por la Palabra de Dios, sino por su propia experiencia personal.

Después de la victoria de David con el león, se encuentra con el oso, el hecho de que los dos animales caminan en cuatro patas activa la imagen de la victoria con el león en el oso, dándole la fuerza para vencerlo, con la diferencia de que el oso cuando ataca se levanta en dos patas y llega a alcanzar los tres metros. De este modo proyecta la victoria del oso con el gigante.

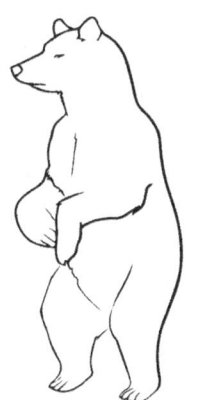 

1 Samuel 17:36 *Fuese león, fuese oso, tu siervo lo mataba; y este filisteo incircunciso será como uno de ellos, porque ha provocado al ejército del Dios viviente.*

Cuando en la mente de los creyentes no está sellada la imagen de la victoria porque no hay revelación, vemos lo que sucede en sus vidas.

Amós 5:19 *Como el que huye de delante del león, y se encuentra con el oso; o como si entrare en casa y apoyare su mano en la pared, y le muerde una culebra.*

Cuando llega la adversidad, aunque sepamos versículos de memoria, si no están sellados en el subconsciente, no funciona debido a que no están arraigados en la persona. Cuando las imágenes de la Palabra de Dios son solamente versículos de memoria y no Palabra revelada, no hay una mente renovada ni tampoco se tiene la escuela de Dios para afrontar la adversidad.

Cuando no tengo la Palabra revelada en el subconsciente frente a la adversidad (el león) voy a reaccionar por instinto escapando (la adversidad). Sin la Palabra sobrenatural de Dios, lo que hacemos es correr y escapamos de la adversidad que en realidad es el trampolín para el éxito. Una vez que escapemos del león, nos vamos a encontrar con la segunda fase de la preparación de Dios que es el oso, pero si dentro de nosotros no está la victoria, no la veremos afuera.

Respecto a la parte negativa, lo que queda en mi subconsciente, es el trauma del encuentro que tuve con el león que va a tener mucha más fuerza con el oso. Explicado de otra manera esto significa que apenas veamos al oso, las cosas empeorarán, al punto que llegaremos a tener pocas victorias.

Cuando no se siembra la palabra de Dios en el corazón, vienen las adversidades que humanamente pueden ser vencidas como por ejemplo matar a una culebra que es algo simple ya que se puede hacer con una piedra, con un palo, con un objeto, etc. Sin embargo, la mente actuará de manera negativa debido a las derrotas anteriores.

Por este motivo dice el versículo en Amós 5:19: *"Apoyare su mano en la pared"* porque tiene una mente de perdedor, no ve la serpiente o sea no ve lo que puede ser vencido. Si no vences por fe lo que humanamente es imposible de vencer (el león y el oso), no podrás ni siquiera vencer lo que humanamente tiene alguna posibilidad de ser vencido (la culebra).

Las fortalezas del miedo, la negatividad y todo lo demás son derribadas por medio de la renovación de la mente que viene a través de la Palabra de Dios.

Capítulo 5

CREANDO FE

Podemos afirmar que la fe es el resultado de la Palabra de Dios arraigada en nuestro subconsciente a través de la meditación repetida de un concepto, por este motivo Pablo escribía más de una vez las mismas cosas, creando una seguridad interior. Aplicando este principio notarás que algunos conceptos vienen repetidos a lo largo de este libro.

Filipenses 3:1 *Por lo demás, hermanos, gozaos en el Señor. A mí no me es molesto el escribiros las mismas cosas, y para vosotros es seguro.*

Las fortalezas del miedo, la negatividad y tantas otras cosas, se derriban mediante la renovación de la mente que se produce por la Palabra de Dios. Una vez que las imágenes de Dios prevalecen en tu mente, cambia tu forma de hablar y, en consecuencia, tu destino.

Proverbios 18:21 *La muerte y la vida están en poder de la lengua, Y el que la ama comerá de sus frutos.*

Todos estos principios bíblicos y dinámicas mentales te ayudarán a vivir una vida en victoria. El pueblo de Dios no perece por falta de sanidad y liberación, sino por falta de conocimiento. Sin conocimiento hablas mal, no estando en línea con la Palabra de Dios. La dinámica de la sanidad interior y la liberación se podrían explicar en un simple capítulo, pero soy consciente de que darte esa información sin un buen fundamento bíblico, es como darle un arma a un niño.

> **Juan 21:15** *Cuando hubieron comido, Jesús dijo a Simón Pedro: Simón, hijo de Jonás, ¿me amas más que éstos? Le respondió: Sí, Señor; tú sabes que te amo. El le dijo: Apacienta mis corderos.*

> **Jeremías 3:15** *Y os daré pastores según mi corazón, que os apacienten con ciencia y con inteligencia.*

Un ministro demuestra que ama a Dios por el tipo de corazón que tiene al pastorear, es decir, apacentando a las ovejas del Señor con el conocimiento y la inteligencia que nacen de la revelación. Por este motivo estoy tan interesado en crear una base sólida en el conocimiento antes de enseñar la sanidad y la liberación. No solamente deseo que encuentres la libertad, sino que además quiero darte las armas para que la mantengas, y que también puedas usarlas en otras personas, ayudándoles a ser libres.

La lucha del creyente es una lucha de fe, sin la cual es imposible agradar a Dios (vea Hebreos 11:6). Todos tenemos una medida de fe, pero tenemos que hacerla crecer y asimismo perfeccionarla. Cuando la fe llega a ser perfecta, la duda y la queja desaparecen. El diablo siempre utiliza estos dos elementos para matar la fe.

Sin fe no se puede resistir al diablo, por este motivo, muchos creyentes son liberados, pero al cabo de un tiempo vuelven con los mismos problemas. Tenemos que llegar al punto en el que la fe se vuelve inamovible. Para ello hay que comprender cómo obró Dios con nuestro padre de la fe, Abraham. En su vida vemos diversos acontecimientos que nos permiten imitar su fe, tal como nos exhorta la Palabra de Dios en la epístola a los Romanos, capítulo cuatro.

Otros momentos de su vida nos enseñan lo que no tenemos que hacer. En dos oportunidades (vea Génesis 12 y 20) Abraham le dice a Sara su mujer que diga que era su hermana, pues tenía miedo que lo asesinaran por su belleza. Por otra parte, la Biblia nos enseña:

Efesios 5:25 *Maridos, amad a vuestras mujeres, así como Cristo amó a la iglesia, y se entregó a sí mismo por ella.*

A nosotros los esposos, la Palabra nos exhorta a amar a nuestras esposas hasta el punto de dar la vida por ellas como Jesús lo hizo por nosotros. Es cierto que en Getsemaní Jesús no quería hacerlo, de hecho, ora de la siguiente manera:

Mateo 26:39 *Yendo un poco adelante, se postró sobre su rostro, orando y diciendo: Padre mío, si es posible, pase de mí esta copa; pero no sea como yo quiero, sino como tú.*

Dios nos llama a hacer su voluntad, no la propia ni la de los demás. Esto nos enseña que no porque alguien esté por encima de nosotros tengamos que imitar todo lo que hace. Solo tenemos que imitar su fe.

Hebreos 13:7 *Acordaos de vuestros pastores, que os hablaron la palabra de Dios; considerad* *cuál haya sido el resultado de su conducta, e imitad su fe.*

En la vida de Abraham vemos tres momentos cruciales en lo que a la fe se refiere:

1. El llamado (vea Génesis 12)
2. La promesa de su hijo Isaac (vea Génesis 15)
3. Cuando se le pide que sacrifique a Isaac (vea Génesis 22)

Insisto en que el mayor paso de fe de un creyente no es cuando recibe, sino cuando está dispuesto a dar.

> El mayor paso de fe de un creyente no es cuando recibe, sino cuando está dispuesto a dar.

Veamos el momento en que Dios obra en el subconsciente de Abraham para crear la fe necesaria para tener a Isaac, el hijo de la promesa.

Génesis 15:1-3 *Después de estas cosas vino la palabra de Jehová a Abram en visión, diciendo: No temas, Abram; yo soy tu escudo, y tu galardón será sobremanera grande. Y respondió Abram: Señor Jehová, ¿qué me darás, siendo así que ando sin hijo, y el mayordomo de mi casa es ese damasceno Eliezer? Dijo también Abram: Mira que no me has dado prole, y he aquí que será mi heredero un esclavo nacido en mi casa.*

En el capítulo 14 del libro de Génesis, Abram obtiene una gran victoria sobre sus enemigos que habían logrado llevar cautivo a su sobrino Lot. Posteriormente, tiene un encuentro sobrenatural con Jesús bajo la apariencia de Melquisedec, a quien da el diezmo de todo. También éste es un ejemplo de fe que hay que imitar, puesto que aún no existía la ley.

Después de estos acontecimientos, Dios le habla y le dice: *"No temas, Abram; yo soy tu escudo, y tu recompensa será grande"* Nosotros, ¿qué haríamos ante tal afirmación dicha por Dios mismo? Seguramente lloraríamos, agradeceríamos y cantaríamos alabanzas, pero Abram no hace nada de esto.

En esta parte de la historia aún no se había convertido en Abraham con doble A, es decir, el espiritual. Aquí era Abram el carnal, no el hombre de fe. Siendo carnal y no teniendo una mente espiritual responde sobre la base de la realidad y no de la verdad diciendo: *'Mira que no me has dado prole, y he aquí que será mi heredero un esclavo nacido en mi casa".*

De la abundancia del corazón habla la boca, es decir, lo que prevalece en el subconsciente saldrá inconscientemente de tu boca. La imagen principal en la mente de Abram era el esclavo como heredero. Ese era su principal trauma.

En tiempos de Abram, no tener hijos se consideraba un signo de maldición de parte de Dios. No obstante Dios le había hablado de su descendencia desde el principio, la Palabra de Dios no había logrado entrar en su subconsciente.

Todo lo que veía era al esclavo como heredero, y aquí está el ejemplo perfecto de una lucha entre la fe y la realidad oponiéndose a la verdad. Recuérdalo siempre: La verdad no niega la realidad, ¡simplemente la cambia!

Pasaba el tiempo y parecía que Dios se había olvidado, pero Dios estaba obrando en Abram, como en su momento lo hizo con David sin que este lo supiera y como también lo está haciendo contigo. Él es el mismo ayer, hoy y por siempre, y si lo ha hecho con los demás también lo hará contigo.

> La verdad no niega la realidad, simplemente la cambia.

Esto no quiere decir que lo hace con todo el mundo, porque no todo el mundo se toma a Dios en serio y sigue hasta el final con su llamado. Pero si estás leyendo este libro estoy convencido de que eres de los que llegan hasta el fondo.

No te rindas. Dios no nos ha elegido porque somos buenos y perfectos, sino todo lo contrario, basta sólo con analizar las vidas de los hombres de Dios en la Biblia. Te lo repito: si Dios lo ha hecho con ellos, también lo hará contigo.

1 Corintios 1:27 *Sino que lo necio del mundo escogió Dios, para avergonzar a los sabios; y lo débil del mundo escogió Dios, para avergonzar a lo fuerte.*

Volviendo al padre de la fe, vimos cómo después de que Dios le diera una palabra y una promesa en el versículo 1 de Génesis 15, él no creyó, pero ¿cómo hizo Dios para que Abram creyera y se convirtiera en Abraham, el padre de la fe? Avancemos en la historia:

Génesis 15:4 *Luego vino a él palabra de Jehová, diciendo: No te heredará éste, sino un hijo tuyo será el que te heredará.*

Lo primero que hace Dios para crear la fe es tomar el bisturí de la Palabra viva y eficaz y penetrar hasta el subconsciente de Abram para extirpar la imagen tumoral del esclavo como heredero y sustituirla por la imagen de Isaac: *"No te heredará éste, sino un hijo tuyo será el que te heredará".*

Génesis 15:5 *Y lo llevó fuera, y le dijo: Mira ahora los cielos, y cuenta las estrellas, si las puedes contar. Y le dijo: "Así será tu descendencia".*

El segundo paso después de haber creado la fe, la perfecciona sacándola de las cuatro paredes y utiliza la creación junto con la Palabra para sellar en el subconsciente la imagen del fruto de la promesa de Isaac, un pueblo innumerable del que tú y yo formamos parte. Y entonces ocurre el milagro.

Génesis 15:6 *Y creyó a Jehová, y le fue contado por justicia.*

A partir del capítulo 15 no encontrarás ni una sombra de duda o murmuración en toda la vida de Abraham respecto a la promesa, porque para entonces la fe ya había sido creada y perfeccionada. No me cansaré de decirte: "De la misma manera que Dios hizo con Abraham, hará contigo". Recuerda siempre que la duda es el instrumento que utiliza el diablo para hacerte fracasar en la fe.

Santiago 1:6-8 *Pero pida con fe, no dudando nada; porque el que duda es semejante a la onda del mar, que es arrastrada por el viento y echada de una parte a otra. No piense, pues, quien tal haga, que recibirá cosa alguna del Señor. El hombre de doble ánimo es inconstante en todos sus caminos.*

Lee atentamente el versículo: *"No piense, pues, quien tal haga, que recibirá cosa alguna del Señor"*. En otras palabras, si la imagen que tienes en mente no produce certeza, olvídate de recibir algo de parte de Dios.

Para que la fe pueda ser creada, la imagen que tiene que prevalecer en tu subconsciente es la que está basada en la Palabra de Dios. Repito, una imagen que no viene de Dios no puede producir fe.

Permítanme darles un ejemplo práctico. Coge una hoja de papel y divídela en dos, en un lado dibuja al diablo y en el otro a Jesús. Tómate todo el tiempo que quieras, no copies el dibujo de otro, dibuja lo que te venga espontáneamente a la mente. Una vez que hayas terminado quiero que compares los dibujos con lo que está escrito en la Biblia para ver si las imágenes que tienes en la mente están basadas en la Palabra o no.

No sabiendo lo qué has dibujado voy a coger al azar un dibujo que fue popular en perfiles cristianos hace algún tiempo. En la siguiente imagen veremos a Satanás y a Jesús forcejeando.

Lo creas o no esta imagen fue creada en el infierno para hacerte apóstata en la fe. Fíjate atentamente:

Si no supieras que uno es Satanás y el otro Jesús, Para ti ¿Quién gana esta batalla? ¿Por quién apostarías? Si te digo que el primero es un camionero y el segundo es un enfermero, ¿quién crees que gana? Es obvio que sabiendo que uno es Jesús y el otro el diablo dirías que el que gana es Jesús, aunque la imagen sugiera lo contrario. Pero vayamos a ver lo que dice la Biblia:

Isaías 14:12-17 Cómo caíste del cielo, oh Lucero, hijo de la mañana! Cortado fuiste por tierra, tú que debilitabas a las naciones. Tú que decías en tu corazón: Subiré al cielo; en lo alto, junto a las estrellas de Dios, levantaré mi trono, y en el monte del testimonio me sentaré, a los lados del norte. sobre las alturas de las nubes subiré, y seré semejante al Altísimo. Mas tú derribado eres hasta el Seol, a los lados del abismo. Se inclinarán hacia ti los que te vean, te contemplarán, diciendo: ¿Es éste aquel varón que hacía temblar la tierra, que trastornaba los reinos; que puso el mundo como un desierto, que asoló sus ciudades, que a sus presos nunca abrió la cárcel?

Apocalipsis 1:12-17 Y me volví para ver la voz que hablaba conmigo; y vuelto, vi siete candeleros de oro, y en medio de los siete candeleros, a uno semejante al Hijo del Hombre, vestido de una ropa que llegaba hasta los pies, y ceñido por el pecho con un cinto de oro. Su cabeza y sus cabellos eran blancos como blanca lana, como nieve; sus ojos como llama de fuego; y sus pies semejantes al bronce bruñido, refulgente como en un horno; y su voz como estruendo de muchas aguas. Tenía en su diestra siete estrellas; de su boca salía una espada aguda de dos filos; y su rostro era como el sol cuando resplandece en su fuerza. Cuando le vi, caí como muerto a sus pies. Y él puso su diestra sobre mí, diciéndome: No temas; yo soy el primero y el último.

El primer pasaje de la Biblia habla de cómo cambia satanás después de su caída: ¿Es éste aquel varón que hacía temblar la tierra, que trastornaba los reinos; que puso el mundo como un desierto, que asoló sus ciudades, que a sus presos nunca abrió la cárcel? Si vieras a satanás hoy dirías: "¿Es este el que ha arruinado mi vida, que ha destruido la salud, el trabajo y la familia, etc?" Por el contrario, si vieras a Cristo glorificado, caerías como muerto de la impresión. Ten en cuenta que fue Juan quien después de haber caminado tres años con Jesús y recostado su cabeza sobre Su pecho sintiendo el latido del corazón, al verlo glorificado cae como muerto. ¿Te das cuenta de lo importante que es tener las imágenes adecuadas en la mente?

Capítulo 6

LA CURA PASTORAL
parte 1

Antes de pasar a la dinámica de la sanidad y liberación, es muy importante crear al menos una base sólida de conocimiento en la persona. Hay conceptos que son fundamentales en la vida de un creyente para vivir como vencedor. Y por eso antes y después de una ministración es necesario que se comprendan algunos principios bíblicos a través de la cura pastoral.

No tiene mucho sentido hacer la ministración más de tres veces, puesto que se trabaja con el viejo hombre. La nueva creatura no necesita ministración "Cristo en nosotros". Uno de los problemas que pueden surgir es depender de ella. Ten presente que la ministración no nos abre el futuro, nos cierra el pasado. Podemos estructurar una ministración de la siguiente manera:

CURA PASTORAL

1. El perdón
2. La nueva identidad
3. La autoridad
4. Las realidades espirituales

MINISTRACIÓN

Uno o dos, máximo tres si se trata de un caso con muchos traumas y ligaduras.

CURA PASTORAL

5. La fe

6. Justificados por la fe

7. La gracia

> La ministración no nos abre el futuro, nos cierra el pasado.

Hay siete fundamentos importantes que el creyente tiene que entender y guardarlos en su corazón, antes y después de la ministración, si realmente queremos hacer un buen trabajo ante Dios: 1) El perdón, 2) La nueva identidad ,3) La autoridad, 4) Las realidades espirituales, 5) La fe, 6) Justificados por la fe, 7) La gracia. (Para hacer un estudio más profundo de estos temas puedes visitar nuestro sito **www.uomodipace.it** en la sección estudios y descargar los estudios completos).

El perdón

El perdón es fundamental para progresar en la vida espiritual. Cristo vino a la tierra para perdonar nuestros pecados; por lo tanto, es esencial comprender qué es el perdón y qué implica no perdonar. No perdonar significa ser esclavo, y que además del pasado estás arruinando el presente y también el futuro.

Estás en el lazo del diablo, que no significa necesariamente que estés en pecado, sino que sin darte cuenta te desquitas con las personas equivocadas; de hecho, generalmente no arremetes contra las personas que no conoces, sino contra las personas a las que amas. Las experiencias negativas del pasado condicionan tu comportamiento en el presente. Los recuerdos dolorosos hacen que te comportes mal con las personas que amas. Ten siempre presente este concepto: El pasado te conecta con el futuro. Por este motivo no basta simplemente con voltear de página. Tenemos que comprender nuestro pasado para entender adónde el Señor quiere llevarnos.

Hay cosas que no puedes entender en el presente, pero se entenderán al pasar el tiempo. Vemos un ejemplo en la vida de José, hijo de Jacob.

> Las experiencias negativas del pasado condicionan tu comportamiento en el presente.

Génesis 45:7 *Y Dios me envió delante de vosotros, para preservaros posteridad sobre la tierra, y para daros vida por medio de gran liberación.*

Cuando parece que todo se desmorona, no te preocupes y confía en Él. Dios usa situaciones inexplicables para lanzarte. Lo sepas o no, Dios está preparando un futuro para ti y para las personas que están a tu alrededor.

Si analizamos la vida de José podemos ver que no estaba en los planes de los hermanos venderlo, sino que fue Dios quien lo envió. Cuando te das cuenta de esto, entonces puedes leer tu pasado. José reconoce que Dios lo había enviado a Egipto valiéndose de la maldad de sus hermanos.

Génesis 45:8 *Así, pues, no me enviasteis acá vosotros, sino Dios, que me ha puesto por* *padre de Faraón y por señor de toda su casa, y por gobernador en toda la tierra de Egipto.*

El perdón no nace de un sentimiento humano, sino del hecho de que Cristo nos ha perdonado y, en consecuencia, nosotros también podemos perdonar. El perdón no se basa en el sentimiento, sino en el hecho de que podemos dar lo que hemos recibido, Su perdón.

1 Juan 2:12 *Os escribo a vosotros, hijitos, porque vuestros pecados os han sido perdonados por su nombre.*

Lo que activa la vida que está en la preciosa sangre de Cristo es la virtud de Su Nombre. El nombre de Jesús es poderoso y tus pecados son perdonados porque has creído en el nombre de Jesucristo.

Hechos 10:43 *De éste dan testimonio todos los profetas, que todos los que en él creyeren, recibirán perdón de pecados por su nombre.*

El perdón no se basa en méritos humanos, sino en el sacrificio de Cristo. Nadie es digno de recibir perdón, Cristo nos ha hecho dignos tomando nuestro lugar.

No puede haber ministración sin perdón, es el perdón el que separa el sentimiento del pensamiento produciendo una libertad interior, en otras palabras, puedo recordar, sin sufrimiento. Sin perdón nos volvemos esclavos de los demonios derrotados.

No puede haber ministración sin perdón.

2 Corintios 2:10-11 *Y al que vosotros perdonáis, yo también; porque también yo lo que he perdonado, si algo he perdonado, por vosotros* *lo he hecho en presencia de Cristo, para que Satanás no gane ventaja alguna sobre nosotros; pues no ignoramos sus maquinaciones.*

Una persona que no está dispuesta a perdonar es engañada por satanás, a esto se refiere con sus maquinaciones. Cuando una persona no está dispuesta a perdonar, no sólo sigue siendo esclava, sino que pierde un tiempo precioso que podría dedicar a otras personas. Esta afirmación puede sonar dura, pero por experiencia personal puedo decirte que es la verdad.

Mateo 18:34-35 *Entonces su señor, enojado, le entregó a los verdugos, hasta que pagase todo lo que le debía. Así también mi Padre celestial hará con vosotros si no perdonáis de todo corazón cada uno a su hermano sus ofensas.*

Aparentemente lo que Jesús está diciendo es que, si nosotros no perdonamos, Él no nos perdona. Es importante entender que aquí no nos está hablando a nosotros los cristianos después de la resurrección, más bien a hebreos que vivían bajo la ley "ojo por ojo, diente por diente", para nosotros no es así.

Dios nos perdona, aún si nosotros no perdonamos. Sin embargo, la falta de perdón tiene sus consecuencias. Si nosotros no perdonamos, el atormentador, es decir, el diablo, tiene derecho a atormentarnos. Has de saber que el perdón de Cristo nace del amor y no del miedo.

> El perdón de Cristo nace del amor y no del miedo.

Efesios 4:32 *Antes sed benignos unos con otros, misericordiosos, perdonándoos unos a* otros, como Dios también os perdonó a vosotros en Cristo.

Nota que el perdón de Dios es incondicional: *"como Dios también os perdonó a vosotros en Cristo"*. El Padre nos perdonó *"en Cristo"* antes de que naciéramos, antes de que hubiéramos hecho bien o mal, Él ya nos había perdonado.

Colosenses 3:13 *Soportándoos unos a otros, y perdonándoos unos a otros si alguno tuviere queja contra otro. De la manera que Cristo os perdonó, así también hacedlo vosotros.*

¿Cuándo nos perdona el Señor? ¿Después de que nos arrepentimos o en la cruz? Si alguien va al infierno es porque no acepta el perdón, no porque Cristo no lo haya perdonado. Eres libre de mantener toda tu ira y enojo contra los que te han hecho mal, eres libre de no perdonar, de igual modo irás al cielo, pero mientras tanto vivirás en el lazo del diablo.

El pecado de no perdonar fue llevado a la cruz junto con todos los demás pecados, Dios te ha perdonado, aunque no perdones. Hace algún tiempo estuve escuchando varios estudios sobre las causas y orígenes del cáncer y uno, en particular, me llamó mucho la atención.

Era un estudio basado en la psique, que decía que el único denominador común que compartían los más de mil casos estudiados era que todos tenían una o más personas a las que perdonar. Lo más sorprendente es que, en muchos de los casos, la fecha del trauma a perdonar coincide con la aparición del cáncer. El que trajo las enfermedades a la tierra no fue Dios, sino satanás por medio del pecado. Y una de las mejores estrategias para destruir al hombre es la falta de perdón.

No perdonar significa ser esclavo, significa que además del pasado estás arruinando el presente y también el futuro. El perdón no libera a los que nos han hecho daño, el perdón nos libera a nosotros mismos.

> El perdón no libera a los que nos han hecho daño, el perdón nos libera a nosotros mismos.

La nueva identidad

Cuando recibimos a Cristo como Salvador por medio del Espíritu Santo nos convertimos en una nueva criatura. Esta es nuestra nueva identidad en Cristo, que, como hemos visto anteriormente, tiene que surgir por medio de la renovación de la mente.

Si no crezcamoscrecemos, somos niños, creyentes carnales guiados por los sentidos físicos y no por el Espíritu de Dios.

Galatas 4:1 *Pero también digo: Entre tanto que el heredero es niño, en nada difiere del esclavo, aunque es señor de todo.*

En Cristo somos herederos de todo. Mientras seas carnal no hay diferencia entre una persona del mundo y tú. La única diferencia es que cuando mueres vas al cielo por el sacrificio de Cristo. El problema de los carnales es que al no tener sentido de las cosas de Dios el diablo tiene libertad para obrar en ellos.

Mateo 16:23 *Pero él, volviéndose, dijo a Pedro: ¡Quítate de delante de mí, Satanás!; me eres tropiezo, porque no pones la mira en las cosas de Dios, sino en las de los hombres.*

Note que mientras Pedro era carnal, satanás mismo influenciaba su vida. Esto no significa que Pedro estuviera poseído, sino que no se daba cuenta de que los pensamientos que tenía en su cabeza eran del diablo. Sólo el espiritual puede discernir.

Hebreo 5:13-14 *Y todo aquel que participa de la leche es inexperto en la palabra de justicia, porque es niño; pero el alimento sólido es para los que han alcanzado madurez, para los que por el uso tienen los sentidos ejercitados en el discernimiento del bien y del mal.*

El hombre espiritual no tiene necesidad de ministración porque es Cristo en nosotros. El que recibe la ministración es el carnal, es Jacob no Israel es Simón no Pedro, porque el hombre espiritual no tiene necesidad de ministración.

Romano 8:5 *Porque los que son de la carne piensan en las cosas de la carne; pero los que son del Espíritu, en las cosas del Espíritu.*

La espiritualidad o la carnalidad están determinadas por el pensamiento. En la medida en que mantengamos fija la mirada en Jesús y en las cosas del Espíritu seremos espirituales; si desviamos la mirada en las cosas terrenales seremos carnales. No hay nada bueno en el hombre carnal.

Como he dicho muchas veces antes, la ministración es el 10% de la vida del creyente, el otro 90% depende de ti por medio de la renovación de la mente. Sin renovación no hay transformación, no hay crecimiento.

Autoridad

Es muy importante que entiendas cuánta autoridad te ha dado el Señor.

Génesis 1:27-28 *Y creó Dios al hombre a su imagen, a imagen de Dios lo creó; varón y hembra los creó. Y los bendijo Dios, y les dijo: Fructificad y multiplicaos; llenad la tierra, y sojuzgadla...*

Al principio de la creación Dios creó al hombre a su imagen y semejanza y le dio autoridad sobre toda la tierra, pero a causa del pecado el hombre pierde su imagen y satanás le roba su autoridad haciendo que el mundo quede bajo su poder.

1 Juan 5:19 *Sabemos que somos de Dios, y el mundo entero está bajo el maligno.*

El mundo entero está bajo el poder del diablo por eso en la tentación en el desierto satanás dice una frase muy interesante que aunque es el padre de la mentira, en este caso dice una verdad con la intención de tentar a Jesús.

Lucas 4:5-6 *Y le llevó el diablo a un alto monte, y le mostró en un momento todos los reinos de la tierra. Y le dijo el diablo: A ti te daré toda esta potestad, y la gloria de ellos; porque a mí me ha sido entregada, y a quien quiero la doy.*

La tierra fue entregada al diablo por Adán, desde ese momento, él tiene el control.

Salmos 115:16 *Los cielos son los cielos de Jehová; Y ha dado la tierra a los hijos de los hombres.*

Cristo ha derrotado a satanás y no solo eso sino que en Él nos ha devuelto la autoridad. Lo sepas o no, estás revestido de la autoridad de Dios y satanás lo sabe muy bien. No obstante, sin revelación no puedes ejercer esta autoridad.

> Sin revelación no puedes ejercer autoridad.

Juan 1:12 *Mas a todos los que le recibieron* [les ha dado la autoridad, es decir, *exousia*], *a los que creen en su nombre, les dio potestad de ser hechos hijos de Dios.*

En el nombre de Jesús tenemos autoridad y podemos derrotar el poder del diablo:

Marcos 16:17 *Estas señales seguirán a los que creen: En mi nombre echarán fuera demonios, hablarán nuevas lenguas.*

En el nombre de Jesús tienes autoridad para echar fuera demonios. Para explicar mejor este concepto, imaginemos a un policía, su autoridad reside en su placa y su uniforme, asimismo su poder en su arma. Y es en nombre de la ley que puede ejercer esta autoridad. Del mismo modo tú estás revestido de autoridad y tienes el poder del Espíritu, y es por el nombre de Jesús que puedes ejercerlo.

Lucas 10:19 *He aquí, os doy potestad* [*exousia*, es decir, autoridad] *de hollar serpientes* *y escorpiones, y sobre toda fuerza [dunamis, poder] del enemigo, y nada os dañará.*

En este pasaje de la Palabra de Dios nos dice claramente que Cristo nos ha dado potestad, del griego *exousia* que literalmente significa autoridad sobre todo el poder (del griego *dunamis*) del diablo. Por lo tanto, sólo por la autoridad (uniforme y placa) tienes derecho a derrotar por medio del poder (arma) las fortalezas del diablo.

El mundo espiritual

Si no sabes cómo es realmente el mundo espiritual, satanás obtendrá siempre lo mejor de ti. Vimos un ejemplo de esto antes con la verdadera imagen de satanás y de Cristo. Permítanme darles un ejemplo de la Biblia.

2 Reyes 6:15-17 *Y se levantó de mañana y salió el que servía al varón de Dios, y he aquí el ejército que tenía sitiada la ciudad, con gente de a caballo y carros. Entonces su criado le dijo: ¡Ah, señor mío! ¿qué haremos? El le dijo: No tengas miedo, porque más son los que están con nosotros que los que están con ellos. Y oró Eliseo, y dijo: Te ruego, oh Jehová, que abras sus ojos para que vea. Entonces Jehová abrió los ojos del criado, y miró; y he aquí que el monte estaba lleno de gente de a caballo, y de carros de fuego alrededor de Eliseo.*

Partamos del hecho de que este pasaje es del Antiguo Testamento y satanás todavía no había sido derrotado. ¡Ahora ponte a pensar cómo es la situación después de que Cristo ha vencido a satanás en la cruz!

Tienes que saber con seguridad que hoy Satanás está bajo tus pies, derrotado y despojado. Sin embargo, sin conocimiento el creyente no puede experimentar esta victoria.

Analizando el pasaje bíblico, podemos ver a un creyente sin revelación que con temor va al siervo de Dios porque se encuentra rodeado por un ejército. ¿Qué harías tú en una situación semejante?

Lo primero que hace Eliseo es calmarlo y luego explicarle cómo era realmente la realidad espiritual: *"No tengas miedo, porque más son los que están con nosotros que los que están con ellos"*. Eliseo no pide ayuda a Dios, ni le pide que envíe ángeles, sabía que el ángel del Eterno estaba a su alrededor para protegerlo a él y a los que estaban con él. Y no sólo eso, también sabía que los enemigos tenían sus demonios para luchar por ellos, pero había más ángeles que demonios. Recuerda siempre esto, por cada demonio siempre hay dos ángeles y no solo eso sino que además, los demonios están derrotados en el Nombre de Jesús.

Apocalipsis 12:4 *Y su cola arrastraba la tercera parte de las estrellas del cielo, y las arrojó sobre la tierra...*

Según Isaías 9 a través de sus mentiras, que simbólicamente es su cola, satanás arrastró el 33% de los ángeles, aun así lo más importante es saber que hoy por el sacrificio de Cristo tienes la autoridad.

Isaías 9:15 *El anciano y venerable de rostro es la cabeza; el profeta que enseña mentira, es la cola.*

Oro para que Dios te abra los ojos.

Capítulo 7

LA CURA PASTORAL
parte 2

Como vimos en el capítulo anterior, hay conceptos o principios espirituales que son muy importantes aprender antes y después de una ministración si queremos ver resultados a largo plazo.

Antes de la ministración: 1) El perdón, 2) La nueva identidad, 3) La autoridad, 4) Las realidades espirituales.

Después de la ministración: 5) La fe, 6) Justificados por la fe, 7) La gracia

La fe

Es lo que nos permite resistir al diablo para que huya de nosotros. Jesús en la tentación del desierto, resistió a satanás tres veces por la fe, la Biblia dice en:

Lucas 4:13 *Y cuando el diablo hubo acabado toda tentación, se apartó de él por un tiempo.*

Prestemos atención a lo que dice: *"Se apartó de él por un tiempo"* Qué gran diferencia con lo que ocurre hoy cuando le resistimos con fe:

Santiago 4:7 *Someteos, pues, a Dios; resistid al diablo, y huirá de vosotros.*

Hoy, satanás no se aparta, ¡sino que huye! Una cosa es distanciarse y otra huir despavorido. Muchos creyentes aún no saben que la fe no vence al diablo, simplemente lo resiste y él huye. Pues ya fue derrotado hace más de dos mil años por nuestro Jesucristo en la cruz.

Repito: La fe no vence al diablo. La fe vence al mundo que está bajo el demonio derrotado.

1 Juan 5:4 *Porque todo lo que es nacido de Dios vence al mundo; y esta es la victoria que ha vencido al mundo, nuestra fe.*

La fe no impide que el rey te arroje al foso de los leones, pero si permite que el ángel del Señor le cierre la boca. Tampoco impide que tu enemigo te arroje al horno de fuego, pero si permite que el fuego no te toque. La fe no impide que el diablo te lance dardos de fuego, sino que los apague.

La fe se obtiene de cuatro maneras: dos por medio de la Palabra y dos por medio del Espíritu.

Romanos 10:17 *Así que la fe es por el oír, y el oír, por la palabra de Dios.*

Hebreos 12:2 *Puestos los ojos en Jesús, el autor y consumador de la fe...*

Gálatas 5:22 *Pero el fruto del Espíritu es: amor, gozo, paz, paciencia, benignidad, bondad, fe.*

1 Corintios 12:7-9 *Pero a cada uno le es dada la manifestación del Espíritu para provecho. Porque a éste es dada por el Espíritu palabra de* *sabiduría; a otro, palabra de ciencia según el mismo Espíritu; a otro, fe por el mismo Espíritu; y a otro, dones de sanidades por el mismo Espíritu.*

Estos versículos confirman lo que he dicho antes y por eso quiero ampliar este concepto.

Por medio de la Palabra: La fe viene por el oír (vea Romanos 10:17) y por fijar los ojos en Jesús la Palabra (Jesús y Palabra son sinónimos) (vea Hebreos 12:2).

Por medio del Espíritu: A través del fruto del Espíritu (vea Gálatas 5:22) y el don de fe (vea 1 Corintios 12:9), este último es solo para algunos.

Todos tenemos una medida de fe que tenemos que hacer crecer:

> **Romanos 12:3** *Digo, pues, por la gracia que me es dada, a cada cual que está entre vosotros, que no tenga más alto concepto de sí que el que debe tener, sino que piense de sí con cordura, conforme a la medida de fe que Dios repartió a cada uno.*

Dios ha dado a cada uno de nosotros una medida de fe que tenemos que hacer crecer, y no basta con pedir a Dios que la aumente:

Todos tenemos una medida de fe que tenemos que hacer crecer.

> **Lucas 17:5-6** *Dijeron los apóstoles al Señor: Auméntanos la fe. Entonces el Señor dijo: Si tuvierais fe como un grano de mostaza, podríais decir a este sicómoro: Desarráigate, y plántate en el mar; y os obedecerá.*

Muchos piden a Dios que haga crecer la fe, pero fíjate en lo que Jesús respondió a los discípulos: *"si tuvieras fe como un grano de mostaza"*. ¿Dios hace crecer la fe? Sólo cuando hacemos nuestra parte:

1 Corintios 3:6 *Yo planté, Apolo regó, pero el crecimiento lo ha dado Dios.*

Si no hay (algo) o nadie que plante y (algo) o nadie que riegue, Dios no puede hacer crecer nada. Es plantada por la semilla de la Palabra y regada por el agua del Espíritu y después Dios la hace crecer. Una vez madurada la fe en automático comienzas a resistir a satanás y él huye de ti, de tu salud, de tu familia y de tus bienes.

Justificado por la fe

La fe no sólo resiste a satanás, sino que también vence al mundo, mueve montañas, manifiesta las cosas que no se ven, me concede hacer oraciones eficaces, me permite agradar a Dios y cumplir sus promesas, además de otras muchas cosas. Aun así, lo más importante es que me convierte en una persona justa.

Gálatas 2:16 *Sabiendo que el hombre no es justificado por las obras de la ley, sino por la fe de Jesucristo, nosotros también hemos creído en Jesucristo, para ser justificados por la fe de Cristo y no por las obras de la ley, por cuanto por las obras de la ley nadie será justificado.*

A menudo, cuando me invitan a predicar en algún lugar por primera vez, me gusta poner a prueba a la audiencia diciendo: Todos los que son justos levanten la mano, generalmente no todos levantan la mano. Y esto sucede porque muchos creyentes no tienen la revelación de que somos justificados por fe y no por obras.

No somos justos porque hacemos cosas justas, sino porque Cristo nos ha hecho justos por su sacrificio. Sin esta revelación cada vez que me equivoco en algo, el enemigo me acusa en mi conciencia. Antes de la venida de Cristo, satanás se presentaba delante de Dios para condenar y acusar. Hoy lo hace a través de la consciencia no renovada.

2 Corintios 5:21 *Al que no conoció pecado, por nosotros lo hizo pecado, para que nosotros fuésemos hechos justicia de Dios en él.*

Cristo, el que no conoció pecado, se hizo pecado por nosotros, y por ello somos justicia de Dios. Entender este principio es fundamental para vivir en libertad.

Nosotros éramos pecadores porque nacimos separados de Dios y como consecuencia pecábamos. Así de la misma manera nosotros no éramos justos porque hacíamos las cosas justas

> Hoy hacemos cosas justas porque Cristo nos hizo justos.

sino que somos justos porque recibimos a Jesucristo y por esa razón empezamos a hacer cosas justas, pero no por hacer cosas justas somos justificados.

Antes de conocer a Cristo no había ninguna obra buena que pudiéramos hacer para ser justos, hoy hacemos cosas justas porque Cristo nos hizo justos.

Gálatas 3:11-14 *Y que por la ley ninguno se justifica para con Dios, es evidente, porque: El justo* *por la fe vivirá; y la ley no es de fe, sino que dice: El que hiciere estas cosas vivirá por ellas. Cristo nos redimió de la maldición de la ley, hecho por nosotros maldición (porque está escrito: Maldito todo el que es colgado en un madero), para que en Cristo Jesús la bendición de Abraham alcanzase a los gentiles, a fin de que por la fe recibiésemos la promesa del Espíritu.*

Si quiero agradar a Dios siendo bueno, es imposible porque la única manera de agradar a Dios es a través de la fe. Por la fe hemos llegado a ser justos y por la fe tenemos que vivir. En otras palabras, cada día tengo que comer el pan cotidiano, es decir, esa palabra fresca que poniéndola en acción me permite construir la casa sobre la roca.

La única obediencia que complace a Dios es la obediencia a la verdad, no la obediencia a la ley. La obediencia a la verdad es la obediencia a la Palabra que Dios nos da (vea 1 Pedro 1:22).

La ley me mata puesto que es imposible guardar todos los mandamientos. Cada vez que escucho la palabra y la pongo en práctica estoy obedeciendo a la verdad y es esto lo que activa todas las bendiciones de Abraham en mi vida.

Gracia

La gracia es el don de Dios inmerecido, no es algo que se pueda ganar. La salvación es por gracia por medio de la fe y no por obras.

La vida del creyente tiene que basarse en la gracia de Dios y esta se activa mediante la fe. Siempre que creo lo que Dios me dice por gracia, no por méritos se manifiesta lo que Dios dice.

Romanos 5:1-2 *Justificados, pues, por la fe, tenemos paz para con Dios por medio de nuestro Señor Jesucristo; por quien también tenemos entrada por la fe a esta gracia en la cual estamos firmes, y nos gloriamos en la esperanza de la gloria de Dios.*

En el capítulo cinco de Romanos podemos ver, especialmente en el versículo dos, cómo por medio de la fe tenemos entrada a la gracia. La gracia se fundamenta en el amor de Dios, cuando vivo en la gracia estoy libre de la ley.

Un ejemplo práctico: La ley me dice no cometas adulterio, la gracia me dice ama a tu esposa como Cristo ama a la Iglesia. Si estoy bajo la gracia, por naturaleza amo a mi esposa y no pienso en el adulterio.

Tito 2:11-12 *Porque la gracia de Dios se ha manifestado para salvación a todos los hombres, enseñándonos que, renunciando a la impiedad y a los deseos mundanos, vivamos en este siglo sobria, justa y piadosamente.*

La ley sólo nos da conocimiento del pecado y nos dice lo que no tenemos que hacer, mientras que la gracia nos enseña a renunciar a la impiedad y a los deseos mundanos. Fíjate que la ley no es más que un conjunto de normas imposibles de cumplir que me separan de Dios. Esto no significa que, porque estoy en la gracia, puedo vivir en pecado. Sí es verdad, que por la gracia de Dios y la justificación por la fe, Dios no ve nuestros pecados. De igual manera, tienes que saber que cada acción tiene su consecuencia. No por estar bajo la gracia puedes pasar un semáforo en rojo. Y si lo haces y te para la policía, no porque te justifiques diciendo que estás en la gracia no te harán la multa.

Romanos 6:12-15 *No reine, pues, el pecado en vuestro cuerpo mortal, de modo que lo obedezcáis en sus concupiscencias; ni tampoco presentéis vuestros miembros al pecado como instrumentos de iniquidad, sino presentaos vosotros mismos a Dios como vivos de entre los muertos, y vuestros miembros a Dios como instrumentos de justicia. Porque el pecado no se enseñoreará de vosotros; pues no estáis bajo la ley, sino bajo la gracia. Siervos de la justicia ¿Qué, pues? ¿Pecaremos, porque no estamos bajo la ley, sino bajo la gracia? En ninguna manera.*

Observa en la epístola a los Romanos como Pablo, el mayor exponente de la gracia, nos ordena que, bajo la gracia, nos aseguremos de que el pecado no reine en nuestras vidas. Posteriormente, en el versículo 14, después de la exhortación sobre el pecado, nos dice que este no tendrá poder sobre nosotros porque no estamos bajo la ley sino que estamos bajo la gracia. Tomado fuera de contexto este versículo nos hace creer que porque estamos en la gracia no estamos bajo la ley.

Para no estar bajo la ley no basta con estar bajo la gracia, porque la Palabra de Dios dice que los que caminan en el espíritu o sea los que son guiados no están bajo la ley. Entonces yo estoy bajo la gracia cuando recibo a Cristo pero no significa que camino en el espíritu.

Gálatas 5:18 *Pero si sois guiados por el Espíritu, no estáis bajo la ley.*

Pablo nos explica, o bien el Espíritu Santo, que para no estar bajo la ley tenemos que ser guiados por el Espíritu Santo. Para ser guiados por el Espíritu primero tenemos que estar llenos del Espíritu Santo. Si estoy lleno del Espíritu Santo, puedo ser guiado por el Espíritu y como el Espíritu Santo es Dios y Dios es amor, estoy lleno de amor y este amor me permite cumplir toda la ley.

Capítulo 8

ORACIÓN DE APERTURA Y CUESTIONARIO

Una vez me preguntaron en una conferencia: "Sin lugar a duda vemos que todo lo que usted enseña, tiene referencia bíblica ya que menciona los libros, capítulos y versículos, pero ¿Por qué no vemos en los evangelios que Jesús hacía estas cosas?"

Jesús dijo en:

Juan 14:12 *De cierto, de cierto os digo: El que en mí cree, las obras que yo hago, él las hará también; y aún mayores hará, porque yo voy al Padre.*

Hay cosas que Jesús no pudo hacer en su momento debido a que aún no se le había dado el Espíritu Santo. Podemos ver en Pedro cuando pasaba, su sombra sanaba a los enfermos (vea Hechos 5:14-16), algo que no se veía en tiempos de Jesús. Las personas tenían que tocar el borde de Su manto para recibir sanidad.

¿Por qué la gente tenía que ir a buscar a Jesús y tocar el borde de su manto para ser sanada y en cambio en los tiempos de Pedro bastaba solo con ponerse en su camino y la sombra sanaba? Estoy convencido que las personas que eran traídas ya habían nacido de nuevo con el Espíritu Santo dentro, por esto hoy podemos ver en algunos eventos donde simplemente durante la alabanza hay gente que recibe sanidad. Hoy por medio de la Palabra de Dios podemos conocer el camino de la sanidad y también otras cosas.

Salmos 103:7 *Sus caminos notificó a Moisés, Y a los hijos de Israel sus obras.*

¿Qué significa esto? Una cosa es conocer la obra, ejemplo, la sanidad y otra cosa es conocer el camino de la sanidad. Si recibes sanidad y no conoces el camino, no sabes cómo repetir este evento, pero cuando conoces el camino puedes ayudar a otros porque conoces cómo funciona la dinámica de la sanidad.

Una cosa es conocer la sanidad y otra cosa es conocer el camino de la sanidad.

Antes de empezar una ministración hacemos una oración, esta oración es para pedir la guía del Espíritu Santo, la protección de Dios, y además para tomar autoridad en el nombre de Jesús atando todo espíritu para que ninguno se manifieste. Recuerda que si no has pasado un buen tiempo orando en lenguas y no tienes fe, poco sirve esta oración.

Para comenzar hacemos un cuestionario a las personas, por medio de preguntas para poder ayudarlas, por medio de esto, se crea un cuadro general de las heridas, los traumas, las puertas abiertas en el área espiritual, etc. que hay que cerrar. No siempre es necesario hacer el cuestionario, pero a menudo detrás de esas preguntas se esconden los traumas.

Una ministración no se basa en el cuestionario, sino en una guía del Espíritu Santo, pero como dije antes, esto sirve para darnos una imagen general de la persona, y no necesariamente tiene que tocar todos los puntos, pero sí nos da una visión general que bajo la guía del Espíritu Santo podemos utilizar.

CUESTIONARIO

1. Relación con los padres

El 90% de los traumas se originan en la infancia, generalmente en la familia. La pregunta es: ¿Cómo era tu relación con tus padres? La ausencia de uno o ambos también crea heridas.

A medida que la gente habla, los recuerdos pueden surgir, también es necesario preguntar qué edad tiene (la persona que estamos ministrando) en la escena que Dios le presenta, puesto que muchos de los traumas están conectados entre sí.

En repetidas ocasiones se pueden observar algunas cosas que sucedieron después del trauma como consecuencia de la herida. Por ejemplo, si fue abandonada a los 10 años y tuvo una enfermedad a los 11, existe la posibilidad de que la enfermedad esté relacionada con el abandono.

2. Prácticas ocultas o satánicas

Éstas son: lectura de manos, brujería, adivinación del futuro, horóscopos, satanismo, adoración e invocación de muertos o demonios, etc. Este tipo de prácticas abren la puerta para que los demonios vencidos influyan en la vida de las personas. La palabra de Dios es protectora, cuando Dios dice "no", es por nuestro bien.

Deuteronomio 18:10-14 *No sea hallado en ti quien haga pasar a su hijo o a su hija por el fuego, ni quien practique adivinación, ni agorero, ni sortílego, ni hechicero, ni encantador, ni adivino, ni mago, ni quien consulte a los muertos. Porque es abominación para con Jehová cualquiera que hace estas cosas, y por estas abominaciones Jehová tu Dios echa estas naciones de delante de ti. Perfecto serás delante de Jehová tu Dios. Porque estas naciones que vas a heredar, a agoreros y a adivinos oyen; mas a ti no te ha permitido esto Jehová tu Dios.*

La pregunta que tenemos que hacernos es: "¿Por qué Dios no nos recomienda que hagamos tales cosas?"

Porque las prácticas de ese tipo abren la puerta a los demonios. Hay influencias espirituales y son reales.

Levítico 19:26,31 *...No practicarán la adivinación ni la brujería...No recurran a los que evocan a los muertos ni busquen a los adivinos para contaminarse con ellos. Yo, el SEÑOR, su Dios.*

Estas cosas nos contaminan porque somos nosotros quienes abrimos la puerta al diablo que ha venido a "hurtar y matar y destruir" (Juan 10:10). El diablo para destruirte necesita de ti. Hay que identificar las puertas y cerrarlas con el perdón.

> Hay que identificar las puertas y cerrarlas con el perdón.

3. El pasado religioso

La religión es el esfuerzo del hombre por llegar a Dios. Sólo Jesús dijo: *"Yo soy el camino, y la verdad, y la vida; nadie viene al Padre, sino por mí"* (Juan 14:6), porque Él es el único camino hacia Dios.

Hay varias religiones que abren puertas a través de invocaciones, por la adoración de imágenes, por medio de oraciones invocando guías espirituales.

Recuerdo cuando estaba en los Estados Unidos, un día entendí que había llegado el momento de volver a Europa, y fue entonces cuando en mi oficina de la iglesia donde trabajaba había un cuadro hermoso de Jesús con un cordero en brazos, lo miré, hablé con Jesús, y le dije, creo que ha llegado el momento de volver a Europa, y en ese momento sonó mi teléfono y era un amigo que me invitaba a venir a Europa.

No puedo negar que la emoción fue grande y entonces me paré frente a esa pintura y le di gracias a Dios, pero para mi sorpresa el Espíritu Santo habló a mi corazón diciendo "yo no soy ese de ahí". En ese momento entendí como es de fácil poner una imagen entre Dios y el hombre.

El que había hecho esa pintura no estaba en la época de Jesús por lo que era imposible que ese fuera Jesús, esta es una de las trampas del diablo para hacer caer a la gente en la idolatría, sustituyendo a Dios por una imagen.

4. Abuso físico

El maltrato físico es la violencia que causa daños físicos, que no son accidentales ni están determinados por patologías orgánicas. En este caso no se trata, evidentemente, de la cucharada del niño mimado que no quiere tomar la sopa, sino de una violencia que va más allá de una corrección, el tipo de violencia que surge de un espíritu de ira y marca el alma de la persona.

Hablando de maltrato físico, me viene a la memoria el caso de una mujer que fue golpeada en su infancia en la escuela por los demás niños por el simple hecho de venir del sur de Italia y mudarse al norte con sus padres en busca de trabajo. No sólo había experimentado el trauma de haber dejado a sus amigos de la infancia, sino que el rechazo de los demás niños había creado una profunda herida en su corazón, que revivió más tarde en el trabajo y en otros ambientes, y este rechazo por racismo había llegado hasta el punto de desear quitarse la vida. En este caso, el rechazo de la infancia comenzó a abrir puerta tras puerta hasta el punto de permitir que un demonio de muerte influyera en su mente.

5. Maltrato emocional o psicológico

El maltrato emocional o psicológico es una forma insidiosa de maltrato que tiene como elemento común un mecanismo de abuso que con el tiempo socava el valor personal, el sentido de identidad, la dignidad y la autoestima. Sería el caso de un profesor que humilla a un niño en la escuela o un padre o una madre que maltrata a sus hijos.

6. Abuso sexual

El abuso sexual es la participación en actividades sexuales de una persona que no puede elegir, también entra el acoso.

Recuerdo el caso de un pastor que me llamó por una hermana de su comunidad que había sido poseída por un demonio de muerte. Cuando llegué, el pastor me presentó a la hermana, una mujer pequeña con una mirada baja muy introvertida. Cuando el pastor me presenta, le dice a la hermana: "aquí viene un hermano a ayudarte", en cuanto la hermana oye la palabra "hermano" empieza a manifestarse incontroladamente.

Cuando me acerco a la mujer lo primero que hice fue tomar autoridad en el nombre de Jesucristo, aunque debo confesar que en este caso fue con mucha dificultad que logré que se calmara. Fue como si la mujer sintiera un odio hacia mí, no era sólo el demonio, sentí en el espíritu que había algo más. Durante la ministración salió a luz que este demonio había entrado en su juventud después de haber sido abusada sexualmente por su hermano y amigos.

En ese momento entendí por qué cuando el pastor me presentó como "un hermano que viene a ayudarte", el demonio se había manifestado conectando la imagen del pasado con el presente. La ministración inicialmente se hizo un poco difícil pero cuando la mujer finalmente decidió perdonar a su hermano inmediatamente fue liberada.

7. Esfera sexual

Cuando hablamos de la esfera sexual hablamos de fornicación, adulterio, actos homosexuales, pornografía, etc. Dios es un Dios de pactos. Todos los pactos que Dios ha hecho con los hombres son pactos de sangre. El pacto más excelso con la humanidad es el pacto con la sangre de Cristo, porque en la sangre está la vida. El himen en la mujer se rompe después del primer acto sexual sangrando, y es así como se sella un pacto de sangre entre el hombre y la mujer.

Génesis 2:24 *Por tanto, dejará el hombre a su padre y a su madre, y se unirá a su mujer, y serán una sola carne.*

Cuando te unes con una persona fuera del pacto de Dios, hay peligro. Es como si pegara dos hojas de papel que tienes que separar, en cada hoja quedarán trozos de papel de la otra hoja. Conozco personas que después de tener relaciones sexuales fuera del matrimonio han tenido obsesiones, pensamientos constantes hacia la otra persona.

Me tocó ministrar a un pastor protestante que tenía problemas con la pornografía. Todo comenzó por un correo electrónico que le había llegado con un vídeo. Durante la ministración él vio como una serpiente gigante lo ataba.

Tomamos autoridad y le pedí al Señor que le abriera los ojos y le dejara ver cómo era realmente el mundo espiritual y en ese momento fueron abiertos sus ojos espirituales y en lugar de ver la serpiente ve un espagueti que lo ataba. Lo que nosotros vemos del diablo "no" es la verdad, sino lo que Dios dice, esa sí es la verdad. Para terminar la historia, el pastor pidió perdón y fue liberado inmediatamente.

Me acuerdo de otro caso de un chico que en medio de una manifestación demoníaca gritó mi nombre, después de esto su novia le preguntó a su madre si sabía quién era Federico Martin Kadì, la madre le contestó que era un predicador de la TBN en Italia. Contactando con la televisión cristiana le pasan mi número.

Muy curioso por saber por qué el demonio conocía mi nombre, concerté una cita para reunirme con ellos. Durante la ministración resultó que el demonio de la fornicación, junto con otros, quería que este chico se tirara por el balcón. Estos demonios habían entrado en él por medio de relaciones sexuales con una joven hechicera.

Cuando llegó el momento de la liberación le dije que le pidiera perdón a Dios y a esta chica por abrir esa puerta espiritual. Para mi sorpresa me mira y me dice: "para mí el coito con esta chica no fue pecado porque lo hice con amor"; a lo que le contesté: "Discúlpame, pero después de este coito te llenaste de demonios que te incitan con voces en la cabeza a tirarte por el balcón y me estás diciendo que esto no es pecado".

Fue en ese momento que entendí por qué los demonios le habían dado mi nombre, habían venido a tratar de humillarme delante de los demás, porque cuando una persona no quiere arrepentirse, el demonio tiene todo el derecho de no salir de la persona. Por otro lado, no puedo negar que ser reconocido en el mundo de las tinieblas me da mucho placer. Pero por otro lado no tenemos que alegrarnos por esto ni porque los demonios se sometan, sino porque nuestro nombre está escrito en el libro de la vida.

8. Traumas

Un trauma psicológico es algún acontecimiento que una persona percibe como extremadamente estresante. Puede ser una amenaza para la integridad física o la identidad psicológica propia o ajena. Estos aconteci-mientos producen importantes reacciones emocionales y corporales que el cerebro no siempre puede procesar.

Una chica tenía un demonio de miedo. Durante la minis-tración, el Espíritu Santo le trae a memoria un paseo que realizó por Jerusalén. Durante este paseo cae una bomba no muy lejos de ella con una explosión fuertísima que le creó un trauma interno, y cada vez que pasaba algo que le traía ese trauma a la mente, tenía un fuerte ataque de pánico y no entendía el porqué. Durante la ministración, el Espíritu Santo le hizo ver ángeles a su alrededor, dándole seguridad y paz. Después de tomar autoridad en el nombre de Jesucristo sobre el demonio del miedo, ella fue completamente liberada de los ata-ques de pánico.

Es muy importante durante la ministración permitir que Dios saque a la luz la raíz de los problemas. La fe te trae lo que quieres, el miedo, lo que no quieres.

> La fe te trae lo que quieres, el miedo, lo que no quieres.

Un cirujano estaba aterrori-zado de que ocurriera algo malo durante una de sus operaciones y por causa de esto ser denunciado, además tenía mucho miedo a la oscuridad. Fue durante la minis-tración que pudo recordar una escena de su infancia, en la que se encontraba en el cole-gio llorando preguntando por sus padres, y es ahí cuando ve unas monjas encerrándolo en un cuarto oscuro.

Este hombre pudo perdonar, cerrar la puerta, y echar fuera todos esos demonios que lo perturbaban. Nada más llegar a su casa, decide caminar por un pasillo con la luz apagada sin tener miedo, algo que nunca antes había logrado hacer y no solo eso, sino que también comenzó a operar sin ningún tipo de miedo.

9. Maldiciones o auto-maldiciones

En términos generales, una maldición es una declaración espiritual que tiene efectos en el mundo físico. En términos bíblicos una maldición es el resultado de no guardar la ley, pero la Biblia dice:

Gálatas 3:13 *Cristo nos redimió de la maldición de la ley, hecho por nosotros maldición (porque está escrito: Maldito todo el que es colgado en un madero).*

Cristo nos ha liberado de la maldición, y a la luz de las Escrituras la maldición no tendría ningún efecto sobre nosotros. El problema es que a veces nos atamos con la lengua sin darnos cuenta.

En una reunión de oración recibí una palabra de ciencia de parte de Dios de que una mujer tendría un hijo. Esta mujer empieza a llorar, al punto que su marido no entendía lo que estaba sucediendo. En el momento que di esta palabra, ella recordó una maldición que se había echado a sí misma cuando era adolescente.

Esta mujer, tras una infancia dolorosa, había dicho: "Juro que nunca tendré hijos" de esta manera se había atado. Pidió perdón y poco después quedó embarazada.

Los padres pueden maldecir a sus hijos diciéndoles algo así como "nunca harás nada con tu vida". Por el contrario, el diablo para maldecir tiene que usar tu lengua. Si no tenemos el conocimiento, no nos damos cuenta del daño que hacemos, pero hoy podemos estar libres de cualquier maldición porque Cristo nos ha redimido.

10. Pensamientos de muerte

Asesinatos, abortos, deseo de morir, etc. Siempre están relacionados con el trauma. Hay que preguntarse cuándo empezaron estos pensamientos.

Cuando mi mujer iba a dar a luz a nuestra primera hija, tuve pensamientos de que algo malo ocurriría, era un pensamiento fijo. Pensé que tal vez Dios quería advertirme que nacería con problemas o quizás muerta. Posteriormente fui a un viaje donde me encontré algunos de mis viejos compañeros de seminario y todos habían perdido un hijo, hecho que da más fuerza a estos pensamientos.

Orando dije: "Señor, si esta es tu voluntad, házmelo entender y si no es tu voluntad, muéstrame de dónde vienen estos pensamientos". Dios, en un momento dado, me trajo a la mente a mi hermana mayor, que había nacido con problemas físicos. Mi padre quería un niño, pero en cambio había nacido una niña con grandes problemas.

Mi padre se enfadó tanto que desapareció de casa durante tres días. Mi madre quedó muy traumatizada y cinco años después, cuando quedó embarazada de mí, le aterrorizaba que yo fuera una niña y que además naciera con problemas físicos y ese miedo me lo transmitió en el vientre materno. Cuando me di cuenta de esto, perdoné inmediatamente a mi padre y a mi madre e inmediatamente el miedo desapareció. Para concluir con mi historia, mi hija nació completamente sana y sin ningún problema.

Muchos traumas del pasado están encerrados en el subconsciente, y permanecen como dormidos hasta que en el presente no sucede algo similar, es como una bomba con un reloj del tiempo que cuando en el presente sucede algo se activa creando dolor.

11. Miedos, ataques de pánico, ira, depresión, soledad, mentiras, etc.

Este tipo de sentimientos son inconscientes, que no pueden controlarse a sí mismos. Tomemos como ejemplo la ira. La Biblia dice *"Airaos, pero no pequéis"* (Efesios 4:26), pero cuando hay influencia espiritual, esto hace que no puedas controlar tus sentimientos. Cuando la sensación va más allá de tu capacidad de control, se produce un trauma.

Los demonios encuentran reposo en el creyente, la Biblia nos dice que cuando un demonio sale de una persona va a lugares desiertos buscando descanso y al no encontrarlo dice: *"volveré a mi casa"*. Este pasaje nos enseña que los demonios encuentran reposo en las personas.

> Cuando la sensación va más allá de tu capacidad de control, se produce un trauma.

Mateo 12:43-45 *Cuando el espíritu inmundo sale del hombre, anda por lugares secos, buscando reposo, y no lo halla. Entonces dice: Volveré a mi casa de donde salí; y cuando llega, la halla desocupada, barrida y adornada.*

Entonces va, y toma consigo otros siete espíritus peores que él, y entrados, moran allí; y el postrer estado de aquel hombre viene a ser peor que el primero. Así también acontecerá a esta mala generación.

Para que nos quede más claro, los demonios que son maldad, aborrecimiento, odio, etc. y que están conectados por medio del pecado con nuestra carne, logran encontrar reposo en nuestros sentimientos y así como ellos sienten nuestros sentimientos al encontrar reposo, nosotros también sentimos los suyos como el odio, la ira, el pánico, la depresión, el miedo, etc.

Cuando recibes el Espíritu Santo y recibes el amor de Dios, sientes este amor que está por encima del amor humano, pero que en realidad no es el tuyo porque es el amor de Dios. Con los demonios pasa lo mismo, sientes lo que ellos sienten en primera persona.

Por eso cuando ministras a otra persona, puede ocurrir que empiece a tener miedo o a agitarse, en realidad no es la persona sino son los demonios que saben que se acerca el final para ellos.

12. Pesadillas

Una pesadilla es un tipo de sueño que se presenta de forma angustiosa y que a veces va acompañado de una sensación de opresión en el pecho y/o dificultad para respirar. Es a todos los efectos un trastorno del sueño relacionado con el sueño MOR (movimientos oculares rápidos). La fase MOR del sueño es la fase más profunda directamente relacionada con el sueño MOR.

Job 33:14-15 *Sin embargo, en una o en dos maneras habla Dios; Pero el hombre no entiende. Por sueño, en visión nocturna, Cuando el sueño cae sobre los hombres, Cuando se adormecen sobre el lecho.*

Dios te habla a través de los sueños, pero incluso el enemigo puede entrar en ellos. Si el sueño es malo, no significa que no viene de Dios, es más, si es malo Dios probablemente quiere evitar que esto suceda. Cuando son pesadillas, sueños de demonios, sombras, en el sueño tienes miedo, lo más probable es que haya influencia demoníaca.

13. Manifestaciones demoníacas

Se oyen voces, se sienten presencias extrañas, se ven objetos en movimiento o cosas similares.

14. Accidentes de riesgo

Un accidente se refiere a un acontecimiento que viene a interrumpir repentinamente el buen desarrollo de una acción; más exactamente, es un hecho imprevisible que tiene consecuencias graves y no es de carácter intencionado.

Estaba ministrando a un policía. y este me cuenta cuando cierta vez iba en un autobús que cruzaba un túnel en el que había habido un accidente. Se acerca al conductor y le dice que era policía y que quería bajarse para parar a los coches que venían a alta velocidad. El conductor le dice que era muy peligroso y que lo iban a atropellar si lo hacía. De todos modos, decide salir, empieza a parar a los coches y uno de ellos lo atropella, cae al suelo sin haber tenido siquiera un rasguño.

El policía me contaba todo esto y me decía, pero ¿Qué tienen que ver los demonios? Oré diciendo: "Espíritu Santo, muéstraselo", y en ese momento ve en la escena detrás de aquel conductor una sombra que le lanzaba una maldición diciendo: ¡si te bajas, te atropellan! *"La muerte y la vida están en poder de la lengua"* (Proverbios 18:21). También vio la sombra detrás del conductor que lo atropelló, y dos ángeles después que lo levantaron y lo pusieron en el suelo.

15. Adicciones

La adicción se define como una alteración del comportamiento que pasa de ser un hábito simple o común a una búsqueda exagerada y patológica del placer a través de medios o sustancias o comportamientos que conducen al estado patológico. El individuo adicto tiende a perder la capacidad de controlar el hábito (cigarros, alcohol, drogas, juego, etc.)

Luchar contra la dependencia es muy difícil. Muchas personas logran liberarse con sus propios esfuerzos, pero para mantenerse tiene que seguir esforzándose. Ahora bien, si la persona decide ser libre por medio del Espíritu Santo, este proceso es más dulce y suave. No olvidemos que lo primero que tenemos que comprender es cuál es el vacío que se está tratando de llenar a través de esa dependencia.

MINISTRACIÓN del		
Nombre		
Zona	**Respuesta**	**Edad o cuánto hace que ocurrió el suceso**
RELACIÓN CON LOS PADRES		
PRÁCTICAS OCULTAS O SATÁNICAS		
EL PASADO RELIGIOSO		
ABUSO FÍSICO		
MALTRATO EMOCIONAL O PSICOLÓGICO		
ABUSO SEXUAL		
ESFERA SEXUAL		
TRAUMAS		
MALDICIONES O AUTO-MALDICIONES		
PENSAMIENTOS DE MUERTE		
MIEDOS, ATAQUES DE PÁNICO, IRA, DEPRESIÓN, SOLEDAD, MENTIRAS, ETC.		
PESADILLAS		
MANIFESTACIONES DEMONÍACAS		
ACCIDENTES DE RIESGO		
ADICCIONES		

Capítulo 9

MINISTRACIÓN
parte 1

Y ahora entraremos en la esfera de la sanidad y la liberación. La palabra nos explica el orden establecido por Dios, y lo encontramos en el primer sermón de Jesucristo en el Evangelio de Lucas capítulo 4 versículo 18 tomado del siguiente versículo del Antiguo Testamento.

Isaías 61:1 *El Espíritu de Jehová el Señor está sobre mí, porque me ungió Jehová; me ha enviado a predicar buenas nuevas a los abatidos, a vendar a los quebrantados de corazón, a publicar libertad a los cautivos, y a los presos apertura de la cárcel.*

Aquí vemos lo que Jesús vino a hacer:

1. traer las buenas noticias;
2. vendar a los quebrantados de corazón (sanidad del alma);
3. proclamar la libertad a los esclavos (liberación);
4. abrir las cárceles a los presos (sanidad física).

En primer lugar y como más importante es que la persona conozca a Cristo por medio de las buenas nuevas, de esta manera se nace de nuevo. Luego que la persona nace de nuevo, el siguiente paso es la sanidad del alma, porque a menudo las influencias demoníacas están conectadas con heridas del alma. Por esta razón, si hago una liberación sin sanar el alma, esa herida traerá otras influencias espirituales.

Para darte un ejemplo práctico antes de conocer al Señor éramos la casa del diablo, cuando recibimos a Jesucristo nos convertimos en la casa de Dios o templo del Espíritu Santo. La condición de una casa está directamente relacionada con el dueño anterior. Si satanás era el dueño de nuestra vida, ¿en qué condición se habrá encontrado nuestra casa cuando conocimos a Cristo?

Seguramente nos encontró con un corazón lleno de heridas e influencias espirituales. Podemos poner el ejemplo de una casa llena de basura y ratones, que si decido eliminar solo los ratones, la basura que no limpio me traerá otros ratones y si decido eliminar la basura, los ratones que quedan harán más basura.

La basura representa las heridas de nuestra vida y los ratones representan a los demonios, para estar completamente libre de influencias demoníacas, necesito eliminar las heridas del alma, de lo contrario satanás siempre tendrá el derecho por más que esté derrotado.

Todo lo que está contaminado en nuestras vidas da derecho al diablo.

Todo lo que está contaminado en nuestras vidas da derecho al diablo. Ejemplo bíblico:

Ezequiel 28:18 (nueva versión internacional)
Has profanado tus santuarios, por la gran canti-
dad de tus pecados, ¡por tu comercio corrupto!

En este pasaje bíblico podemos ver claramente porque satanás, en el Antiguo Testamento podía presentarse ante un Dios santo y puro. Antes de la caída estaba a cargo de algunos de los santuarios celestiales, y por motivo del comercio corrupto, los profanó. Satanás había conseguido hacer de sus santuarios una cueva de ladrones, pero Cristo después de su muerte y resurrección los limpió como hizo antes de su muerte con el templo de Jerusalén, con la diferencia de que con su sangre lo hizo una vez y para siempre, y por eso satanás ya no puede presentarse ante Dios para acusarnos, sino que lo hace a través de nuestra conciencia.

Hebreo 9:23 *Fue, pues, necesario que las figuras de las cosas celestiales fuesen purificadas así; pero las cosas celestiales mismas, con mejores sacrificios que estos.*

Por la sangre de Jesucristo las cosas celestiales han sido purificadas, y por esta razón satanás ya no puede más presentarse delante de Dios. Si pensamos en nuestras vidas, el procedimiento es el mismo. Todo lo que satanás ha contaminado, aunque esté derrotado, le da derecho en nuestras vidas.

Con Su Sangre hemos sido purificados, pero estas fortalezas son todavía esas áreas contaminadas que a la luz de las Escrituras tenemos que destruir, no olvides que estas fortalezas están en la mente. Destruyendo las fortalezas, quitamos el derecho a los demonios que ya han sido derrotados. Este procedimiento es lo que produce la sanidad en el alma.

Como siguiente paso, la liberación tiene lugar de una manera suave y ligera. Esto lo explicaré más adelante.

2 Corintios 10:3-5 *Pues aunque andamos en la carne, no militamos según la carne; porque las armas de nuestra milicia no son carnales, sino poderosas en Dios para la destrucción de fortalezas, derribando argumentos y toda altivez que se levanta contra el conocimiento de Dios, y llevando cautivo todo pensamiento a la obediencia a Cristo.*

Estas son las fortalezas: razonamientos, en otra versión el término es "imaginación", es decir, las imágenes erróneas, fruto de la falta de conocimiento, que tenemos que destruir para construir la imagen de Dios y los pensamientos adecuados. Cuando tus pensamientos son erróneos, lo son también tus caminos.

La ministración te permite cerrar puertas, y la gran parte de las fortalezas se vencen por medio de un sano camino de crecimiento espiritual.

1 Corintios 13:11 *Cuando yo era niño, hablaba como niño, pensaba como niño, razonaba como niño; pero cuando llegué a ser hombre, dejé lo que era de niño.*

Nota que dos de las fortalezas, el razonamiento y el pensamiento, surgen de la falta de conocimiento (tercera fortaleza), de los traumas y de las puertas abiertas que vienen destruidas cuando dejamos de ser niños en la fe. Como consecuencia de tu crecimiento en la fe, por medio del conocimiento, dejo de pensar y razonar como niño. Cuando era niño hacía cosas de niño, pero cuando crecí dejé lo que era de niño. Es decir, no es que cuando dejas de hacer el mal creces, sino que dejas de hacer el mal como consecuencia del crecimiento.

Con una ministración en un área de tu vida seguramente dejarás de hacer cosas equivocadas, pero eso no significa que hayas logrado crecimiento. Las personas que se consagran y crecen espiritualmente no viven más a los pies de la cruz pidiendo perdón cada vez que se equivocan. De hecho, el creyente no tiene que vivir pidiendo perdón las veinticuatro horas del día, sino que tiene que aprender que Cristo nos perdonó, nos lavó con su sangre y ahora quiere que caminemos en el Espíritu en una vida de resurrección que es la victoria del creyente.

En 2 Corintios habla de nuestras armas, que no deben confundirse con la armadura:

> **Efesios 6:13** *Por tanto, tomad toda la armadura de Dios, para que podáis resistir en el día malo, y habiendo acabado todo, estar firmes.*

Las armas son para derribar fortalezas, la armadura para mantenerse firme en el día malo. El arma más poderosa es el perdón. Con la fe apago solo los dardos encendidos pues no puedo impedir al diablo que los lance.

Como ya lo he dicho, la fe no impide que el rey te arroje al horno de fuego, sino que impide que el fuego te queme;

El arma más poderosa es el perdón.

la fe no impide que el rey te arroje al foso de los leones, sino que les cierra la boca, no impide que te muerda la serpiente, como al apóstol Pablo, sino que no sufras ningún daño por su veneno.

La fe es la victoria del creyente y es la fe la que vence al mundo. La fe no vence al diablo porque él ya está vencido, Cristo lo venció en la cruz. La ministración sigue indicaciones, pero de igual modo cada persona es diferente, por este motivo cuando ministres, deja que el Espíritu Santo te guíe y te indique cómo tienes que obrar con la persona con la que estás tratando.

Recuerda que cada ministración es diferente. El conocimiento es clave porque la ministración es momentánea y sirve para resolver un problema. Tienes que saber que no te da el resultado del crecimiento ya que este requiere tiempo. Por lo tanto, es el conocimiento lo que permite a la persona progresar en el camino de la fe. Para que los beneficios de la ministración duren y sigan dando fruto, tienes que dar conocimiento a la persona ministrada.

La fe es la victoria del creyente y es la fe la que vence al mundo.

Es muy importante que la persona lea este libro antes de ser ministrada, para que esté mentalmente preparada para entender toda la dinámica de la ministración y los principios espirituales. Una vez hecho el cuestionario, necesitamos entender cuál es el trauma principal, lo que en psicología se llama la escena madre y en términos bíblicos podemos llamarlo el Jericó espiritual. En el Antiguo Testamento la lucha era para conquistar la tierra prometida, la primera fortaleza se llamaba Jericó y los enemigos eran los filisteos. Hoy nuestra lucha está en la mente y la primera fortaleza es el trauma principal, es decir nuestro Jericó mental y los demonios son nuestros enemigos.

Las preguntas idóneas son el eje sobre el que gira todo el trabajo. Como hemos visto en los capítulos anteriores, las preguntas hacen que la persona medite y la meditación produce revelación (vea Josué 1:8). Las preguntas justas hacen que la mente se vuelva hacia las cosas del Espíritu y esa es la clave para derribar fortalezas del subconsciente. Las preguntas producen revelación para que las personas piensen en las cosas del Espíritu, haciendo que se vuelvan espirituales.

Romanos 8:5 *Porque los que son de la carne piensan en las cosas de la carne; pero los que son del Espíritu, en las cosas del Espíritu.*

Llevando la mente de la persona por medio de preguntas hacia las cosas del Espíritu, la persona se vuelve espiritual y recibe revelaciones, de esta manera el Espíritu Santo traerá a la parte consciente de su mente lo que estaba oculto en el subconsciente.

Basándome en muchos años de experiencia, he notado que para poder ayudar a ser espiritual a una persona es formulando preguntas, como, por ejemplo: "¿Cómo es Jesús contigo?", "¿Cómo te trata Jesús?" Estas preguntas ayudan a fijar la mirada en Cristo, que crea la fe y la hace perfecta: *"Puestos los ojos en Jesús, el autor y consumador de la fe"* (Hebreos 12:2).

La pregunta "cómo te trata Jesús" o "cómo es Jesús contigo" funciona sobre la base de las emociones, en el sentido de que no pido a las personas que describa cómo es la imagen de Jesús en su pensamiento, sino que vamos a la parte de los sentimientos que está relacionada con el subconsciente. Una vez que la persona fija su mirada en Cristo, dirige sus pensamientos a Jesús, permite que la naturaleza de Dios influya en su vida.

Mateo 14:28-29 *Entonces le respondió Pedro, y dijo: Señor, si eres tú, manda que yo vaya a ti sobre las aguas. Y él dijo: Ven. Y descendiendo Pedro de la barca, andaba sobre las aguas para ir a Jesús.*

Pedro camina sobre las aguas no precisamente porque haya estudiado toda la Biblia u orado tres horas o haya ayunado, sino porque mantiene sus ojos fijos en Jesús, el cual crea la fe y la hace perfecta. Por lo tanto, para lograr que la persona ministrada se vuelva espiritual hay que hacer que fije sus ojos en Jesús, de esta manera al llevar sus pensamientos a las cosas del Espíritu, la naturaleza de Dios comienza a fluir del espíritu, al alma y a la mente. Pedro mira a Jesús y camina sobre las aguas, cuando mira las aguas y el viento, tiene miedo y se hunde. Solo fijando la mirada en Jesús se puede tener la naturaleza de Dios, o sea caminar sobre el problema sin hundirse.

Nuestro trabajo no tiene nada que ver con la psicología, la cual te hace revivir el problema para sacarlo a la superficie y luego enseñarte a vivir con él. Por el contrario, el Espíritu Santo, por medio de la ministración, quiere sanarte, quiere curar las heridas para que puedan cerrarse volviendo al hecho traumático para que sólo puedas tener el recuerdo sin tener dolor.

Por medio de pasajes bíblicos te explicó cómo el Espíritu Santo trabaja en tu mente que fue creada por Dios, me refiero a la mente caída después del pecado. Con base a la respuesta de la persona, formulamos una segunda pregunta, la cual saca a la luz la revelación del trauma que se esconde en el subconsciente. Explicaré la dinámica del porqué de esto:

Romanos 4:17 *(Como está escrito: Te he puesto por padre de muchas gentes) delante de Dios, a quien creyó, el cual da vida a los muertos, y llama las cosas que no son, como si fuesen.*

Cuando nos acercamos a Dios a través del pensamiento, Él siempre viene a suplir los problemas más importantes de tu vida que no son los del presente ya que estos son solo la punta del iceberg. Lo opuesto de la descripción de cómo te trata Jesucristo, se esconde en trauma principal, pues Dios llama a la existencia *"las cosas que no son"*. Si hay tinieblas, él dice luz; al necio lo llama sabio, al débil fuerte, etc.

El ejemplo más claro de la Biblia es en el momento que Dios llama a Abram, Abraham que quiere decir "padre de multitud", cuando la mujer era todavía estéril. Dios llama en la descripción de la persona lo opuesto de lo que es, por eso viene a la luz el trauma.

Pongamos un ejemplo práctico: supongamos que la persona dice: "Jesús es bueno conmigo", en ese momento le hacemos la segunda pregunta: "¿Quién no ha sido bueno contigo?". Y es aquí donde, por medio de la meditación de la persona sobre la pregunta formulada, el Espíritu Santo saca a la luz el trauma principal. Porque como dijimos anteriormente, llama a las cosas que no son como si fueran, de la misma manera, cuando llama fuertes a los débiles, ricos a los pobres, etc. Por medio de la descripción de Jesús, el Espíritu trae a la mente la imagen de esa herida.

En la práctica Jesús cura el corazón herido dando a cada persona lo que necesita. Lo opuesto de cómo la persona ve a Jesús, es la persona que ha producido el trauma y las heridas. Esto es revelación, esto no es psicología, esto es Jesús que cura los corazones heridos y afligidos. Este camino no tiene nada que ver con la visualización utilizada por los psicólogos, que te piden expresamente que pienses en algo específico; en este último caso, hay una especie de manipulación de la imagen.

En la ministración, es el Espíritu Santo quien trae una imagen y una persona a tu mente. Cuando todo sale a la luz hay que trabajar con el perdón. El dolor se renueva cada vez que se recuerda esa imagen o lo que sucedió. Cuando el trauma no está separado del sentimiento del recuerdo, no se puede cambiar el pasado, pero sí la imagen del pasado. Así es como destruimos las fortalezas.

> No se puede cambiar el pasado, pero sí la imagen del pasado.

Hay una parte del cerebro que no distingue entre ficción y realidad, lo entendemos mejor cuando vemos una película de terror ya que con la mente sabemos que es una película con actores y monstruos de goma, pero aun así nos asustamos. Lo que la persona está viendo, el cerebro lo percibe como algo real en el presente aunque sea un hecho pasado y eso es lo que produce el sufrimiento.

Es muy importante que antes de tratar el tema del perdón hagamos ver a la persona que Jesús ha estado ahí todo el tiempo y sigue estando aún en el presente. Para ello Dios me ha dado una revelación leyendo:

Mateo 14:30-31 *Pero al ver el fuerte viento, tuvo miedo; y comenzando a hundirse, dio voces, diciendo: ¡Señor, sálvame! Al momento Jesús, extendiendo la mano, asió de él, y le dijo: ¡Hombre de poca fe! ¿Por qué dudaste?*

Cuando Pedro aparta los ojos de Jesús y fija su mirada en la tormenta, empieza a tener miedo. Mientras tiene su mirada en Jesús camina sobre las aguas porque la naturaleza de Dios se vuelve parte de él, sin embargo, cuando la saca y mira la tormenta, la naturaleza de Dios hace como un corto circuito y empieza a hundirse. Por esto, cuando estamos en una ministración, pedirle a la persona que tome a Jesús de la mano, le ayuda a mantener su mente anclada en las cosas del Espíritu, esta es la respuesta que me dio el Espíritu Santo cuando le pregunté cómo podía hacer para que la persona recordara el trauma que había sufrido y se mantuviera espiritual. Después de que el Espíritu haya traído a memoria esa fortaleza, que es la imagen del pasado y hayamos anclado a la persona en el mundo espiritual haciendo que tome a Jesús de la mano, tenemos que destruirla mediante el perdón.

Tomemos el ejemplo de una persona que ha sido abandonada por su madre. Para recapitular:

Pregunta principal: "¿Cómo te trata Jesús?" respuesta: "Está siempre presente".

Segunda pregunta: "¿Quién no ha estado nunca presente en tu pasado?". Y es aquí cuando el Espíritu Santo trae la imagen de la madre que la abandonó en la infancia.

En este punto le hacemos ver que Jesús siempre ha estado ahí, que siempre estará y que nunca la abandonará. Después de haber descrito a Jesús tal como ella nos lo presentó, en este caso Jesús, que está siempre presente para ella, le decimos que lo tome de la mano, anclando así su mente a las cosas del Espíritu, y que diga en voz alta: "Te perdono, y si te he hecho mal, te pido perdón". Muy a menudo en este punto la situación es muy emotiva, el Espíritu Santo comienza a sanar el corazón de la persona y la imagen comienza a cambiar.

Muchas veces me he encontrado con personas que me decían que habían perdonado, sin embargo, para saber si una persona realmente ha perdonado, el Señor me ha mostrado algo interesante. Si quieres ayudar a la persona a entender si realmente ha perdonado, en esta escena que está viendo por medio del Espíritu Santo tienes que decirle: "¿Puedes abrazar a esa persona con Jesús a tu lado?" y luego, "¿Esa persona te devuelve el abrazo?" Si la respuesta es afirmativa, entonces esa persona ha perdonado de verdad y puedes orar para que el Espíritu Santo la rodee con Su presencia.

Este es el momento sobrenatural en el que el Espíritu Santo comienza a producir la sanidad interior. En su subconsciente quedará, no la imagen de su madre abandonándola, sino el abrazo entre ella y su madre. De esta manera podemos disociar el pensamiento del sentimiento de dolor, dejando en el subconsciente la imagen del perdón y todo a través del Espíritu Santo. Obrando de este modo sellamos la voluntad de Dios en la herida; entonces, cuando el trauma vuelva a la mente, no habrá más dolor, sino que encontrará el abrazo, el perdón y la presencia de Jesús.

Es muy importante haber entendido bien todo lo que es la sanidad interior, por este motivo te aconsejo volver a leer con más precisión estos dos capítulos que hablan de la parte práctica de la sanidad interior.

Jesús dijo:

Juan 7:17 *El que quiera hacer la voluntad de Dios, conocerá si la doctrina es de Dios, o si yo hablo por mi propia cuenta.*

Capítulo 10

MINISTRACIÓN
parte 2

Vimos en la lección anterior que, al preguntar, ¿Qué desea Jesús de ti?, Observamos el caso de un trauma causado por el abandono de la madre, en donde a través del perdón, se disocia el sentimiento del pensamiento destruyendo las fortalezas y sellando la imagen de la voluntad de Dios.

En nuestra vida hemos sufrido muchos traumas, que están conectados entre sí. Todas estas imágenes están encerradas en las células cerebrales, y como ya hemos visto, las células cerebrales pueden compararse a carpetas que contienen la imagen de nuestro pasado, cada una de estas células están conectadas entre sí y se comunican mediante impulsos eléctricos.

Las vibraciones creadas por estos impulsos eléctricos se denominan ondas cerebrales. La compatibilidad entre las personas es determinada por estas vibraciones, ¿Alguna vez has oído la frase "se siente una buena vibra"? Este término se utiliza cuando uno se encuentra en un lugar con buenas vibraciones. Cuando la imagen que tengo de una persona es negativa, estas vibraciones vienen trasmitidas por lo que la ciencia llama neuronas espejo.

Las neuronas espejo se encargan de transmitir información inconsciente y están activas desde el vientre materno. Por ejemplo, cuando se entra en una casa en la que las personas están tensas, como una pareja que ha discutido, se puede sentir en el ambiente, debido a que estas neuronas transmisoras de información comunican el estado de ánimo y a raíz de esto, aunque la persona intente disimularlo externamente, se puede percibir igual.

Cuando una persona no perdona, se da que las neuronas espejo transmiten esta información de odio o resentimiento y por este motivo es difícil lograr la reconciliación. Las neuronas espejo comienzan a trasmitir una información positiva al momento que la persona perdona en el mundo espiritual. La imagen que el Espíritu Santo le trae a memoria, a esa persona, en la ministración, produce un cambio en la información que transmite, permitiendo a la otra persona ofendida, (que antes recibió la mala vibra), baje ahora sus defensas para que a corto o largo plazo se pueda llegar a una reconciliación.

Recuerdo de una ministración que realice, hace tiempo, durante una mañana a dos hermanas que odiaban a su padre, estas dos hermanas, cuando regresan a su casa por la noche, se encuentran con una gran sorpresa; su padre, al que odiaban, corre directamente hacia ellas, llorando y abrazándolas fuertemente, pidiendo perdón por todo el mal que les había hecho. Este hombre no sabía que sus hijas habían sido ministradas, pero la información positiva del perdón ya se había transmitido a distancia por medio de estas neuronas espejo. Todo lo que quieres ver en el mundo físico primero tienes que verlo en el pensamiento, donde nace el mundo espiritual.

Todo lo que nos rodea en el mundo físico nace de un pensamiento, la silla, el reloj, el teléfono móvil, todo estuvo primero en la mente de alguien hasta que viene manifestado por la materia. El proceso del perdón es igual, comienza en la mente donde tengo que perdonar a los demás y a mí mismo por medio del Espíritu Santo, al momento de hacerlo, se hace manifiesto en el mundo físico.

Una vez cerrado el trauma principal, es decir, destruida nuestra "Jericó" espiritual, nos quedan todavía muchas otras fortalezas, pero ¿Cómo identificarlas? Hay dos maneras de hacerlo: una la veremos en el desarrollo de los capítulos que hablan de la liberación, la otra es siempre dirigir nuestro pensamiento a la persona de Jesucristo. Una buena pregunta es: "¿Adónde quiere llevarte Jesús? ¿Qué te hace ver de tu pasado?".

Recuerda que, al dirigir los pensamientos a las cosas del Espíritu, en este caso, por causa de la pregunta ¿Adónde te lleva Jesús?, hacemos que la persona se vuelva espiritual para que a su vez pueda recibir revelación. Al repetir la pregunta, el Espíritu Santo traerá otro trauma o puerta abierta conectado con el trauma anterior. Lo sepas o no, todos los traumas de tu presente surgen de tu pasado. Quizás me digas: bueno, pero mi problema actual es con mi marido. Así que la pregunta que te hago es: "¿Cómo era tu relación con tu padre o con la autoridad masculina en tu pasado?".

Hace poco estaba hablando a un grupo de personas sobre la salvación y cuando hablé sobre el amor del Padre Eterno, una mujer hizo la siguiente declaración: "Dios quiere soldaditos, que hagan solo lo que él quiere". Inmediatamente el Señor me mostró que ella había tenido una infancia muy difícil con un padre muy duro que trataba a toda la familia como soldados, y que por medio de este trauma el diablo había conseguido crear la imagen equivocada de Dios como si fuera un Dios duro y rígido.

> Todos los traumas de tu presente surgen de tu pasado.

La respuesta es siempre dirigir los pensamientos de la persona a Jesús quien abre la imagen que el Espíritu Santo quiere sanar. Si son traumas causados por otras personas se tiene que pasar por el proceso del perdón, si hay puertas abiertas en la magia, idolatría, etc., se pide perdón a Jesucristo y luego se toma autoridad rompiendo ataduras espirituales. Si las imágenes son de adulterio, fornicación o imágenes en la esfera sexual, tienes que llevar a las personas a los pies de la cruz, se les hace pedir perdón al Señor y a las personas involucradas, y por último se rompe toda maldición y todo vínculo espiritual en el nombre de Jesús.

En el caso del aborto, se lleva a la persona delante de Jesús. Primero se pide perdón a Dios, y luego se ayuda a la mujer a perdonarse a sí misma. Perdonarnos a nosotros mismos es el perdón más difícil, pero si Jesús nos ha perdonado, quiénes somos nosotros para no hacerlo. El no perdonarnos a nosotros mismos se llama orgullo. Recordemos que podemos perdonar no porque seamos fuertes o tengamos la capacidad de hacerlo, sino porque Jesucristo nos ha perdonado primero, y en base a su perdón podemos perdonarnos y perdonar a los demás.

Una vez que la mujer ha pedido perdón a Dios y se ha perdonado a ella misma, nos queda la parte delicada que requiere sensibilidad y compasión. Los niños que mueren en abortos están siempre en los brazos de Jesús y a ellos pertenece el reino de Dios. Es muy importante recordarle a la persona que Dios nunca se ha enfadado con ella, y que además comprende muy bien la situación por la que estaba pasando en ese momento.

Como siguiente paso, se pide a la mujer que tome entre sus brazos al niño o a los niños que están en la presencia de Dios y que diga: "te pido perdón por el mal que te he hecho", luego se le pide que deje a niño en los brazos de Jesús y que comprenda cuanto son felices en presencia de Dios y por último le tenemos que recordar que cuando esté en el cielo volverá a verle.

El cuestionario sirve para ver qué traumas o puertas abiertas se cierran en torno a la imagen que el Espíritu Santo trae a la luz. Nuestra única tarea en la ministración es hacer las preguntas guiadas por el Espíritu Santo. Si el Espíritu Santo no dirige a la persona a uno de los puntos del cuestionario no tenemos que forzarlo, a menos que sea Dios quien nos esté impulsando a dirigir a la persona a ese punto.

A menudo durante el cuestionario las personas reviven heridas debido a que el Espíritu Santo comienza a traer imágenes del pasado. Si durante el cuestionario el Espíritu Santo trae imágenes que abren heridas, en ese caso se empieza la ministración sin terminar el cuestionario, pero lo reanudaremos en otro momento.

A veces ocurre que durante la ministración la persona no puede ver nada, por experiencia personal puedo afirmar cuales son los motivos: están enfadados con Dios o no se ha perdonado a sí mismo. Una de las mejores estrategias del diablo es hacer creer a la gente que Dios es el responsable de las desgracias. En tal caso, recuerda este pasaje de la Escritura: *"El ladrón no viene sino para robar, matar y destruir"* (Juan 10:10). Satanás es el ladrón que viene a robar, matar y destruir, la falta de conocimiento permite a satanás hacer creer a la gente lo contrario.

Cuando estaba en el primer año del seminario, en el curso de teología, aprendimos que Dios es omnipresente, omnisciente y omnipotente, es decir, que está en todos lados, que todo lo sabe y que todo lo puede. Este concepto me hizo estar muy mal, debido a que me trajo a memoria un episodio de mi vida que sucedió cuando yo tenía 17 años.

Resulta que un día yo estaba en la casa de mi novia en el campo, propio ese día me invitan a ir de cacería, estaba muy feliz, dado que era para mí la primera experiencia de cacería y además nunca había disparado con un rifle en mi vida. Me advirtieron que este rifle tenía un defecto en el gatillo y por esto siempre tenía que poner el seguro. En un momento dado, llama por teléfono la madre de un pariente de mi novia que se encontraba en el lugar, este joven corre hacia la casa para responder a la llamada, yo en ese instante me encontraba detrás de él a unos pocos metros, para mi desgracia me había olvidado de poner el seguro al rifle como me habían advertido, doy el primer paso y lamentablemente se escapa un disparo hiriendo al chico a la altura del pecho. Corrí hacia él, pero desgraciadamente murió antes de llegar al hospital.

Me llevaron a la cárcel por la noche para que la policía investigara, pero al día siguiente me dejaron libre.

Esto se convirtió en un gran trauma que me persiguió durante muchos años. Por este motivo cuando escuché la clase sobre la omnipresencia, omnisciencia y omnipotencia de Dios me sentí muy mal. No estaba enfadado con Dios, puesto que yo sabía que la culpa del accidente había sido mía, pero después de la clase fui a orar y le pregunté a Dios: si sabías que iba a ocurrir una desgracia y estabas allí, ya que todo lo puedes, ¿Por qué no hiciste nada para evitarlo?

Dios me mostró todas las escenas en las que realmente intentó evitar esa desgracia. Me hizo volver a ver cuándo había disparado a un pájaro dejándolo agonizante, incluso cuando se me habían escapado un par de tiros, y las severas advertencias sobre la seguridad del rifle. Todo esto era Él, tratando de hablarme por medio de personas y situaciones, pero el problema no fue Dios, el problema fui yo, al estar lejos de Él, no pude discernir Su voz.

Puedo comprender lo difícil que es perdonarse a uno mismo y entender por qué alguien por falta de conocimiento puede enfadarse con Dios. No perdonarse después de haber recibido la salvación es un acto de orgullo, porque si Dios nos ha perdonado, ¿Quiénes somos nosotros para no hacerlo? Significa que nos estamos poniendo por encima de Dios, eso también es una estrategia del diablo. Podemos perdonarnos a nosotros mismos porque Él nos ha perdonado. Recuerda que el perdón no se basa en nuestra capacidad, sino en la Suya y en Su amor.

Una vez que la persona se reconcilia consigo misma y con Dios, las imágenes comienzan a fluir a través del Espíritu Santo. Esto forma parte de la lucha espiritual. Puede ocurrir que cuando se le hace una pregunta a

> El perdón no se basa en nuestra capacidad, sino en la Suya y en Su amor.

la persona, ésta responda: "No lo sé". y este "no lo sé" es una fortaleza mental. Por ejemplo, si en la parte que comprobamos el perdón, o sea, cuando pedimos a la persona que abrace y reciba el abrazo de la persona que ha perdonado, si la otra persona no devuelve el abrazo, nosotros preguntamos: ¿Por qué no te devuelve el abrazo? El "no lo sé" es un bloqueo, en realidad la persona lo sabe dentro de sí misma.

Lo que hay que hacer en estos casos es simplemente preguntar a la persona: "¿Qué te dice Jesús?" En la mayoría de los casos aparece una respuesta que permite cerrar la imagen. Cuando te enfrentes a este tipo de situaciones, no te rindas, busca a Dios, ora dentro de tu corazón y pide la guía del Espíritu Santo. El Señor te hará encontrar la manera de ayudar a la persona.

Recuerde que el más interesado en que las personas reciban sanidad y liberación es siempre Él. Nosotros sólo somos colaboradores.

Capítulo 11

LA LIBERACIÓN
parte 1

Un trabajo de sanidad interior sin una liberación o viceversa, será siempre un trabajo incompleto. Puesto que una fortaleza, ya sea una herida, un trauma o una puerta abierta, da a los demonios derrotados el derecho de influenciar en tu vida, e incluso ayudan a crear otras fortalezas.

Lo primero que tenemos que entender antes de entrar en el área de la liberación es hasta qué punto satanás está derrotado. La palabra de Dios dice:

Colosenses 2:14-15 *Anulando el acta de los decretos que había contra nosotros, que nos era contraria, quitándose de en medio y clavándola en la cruz, y despojando a los principados y a las potestades, los exhibió públicamente, triunfando sobre ellos en la cruz.*

Gracias al hecho de que nuestros pecados fueron borrados, en la cruz, es que el Señor, literalmente, despojó a todos los demonios, empezando por satanás y, además, le quitó la autoridad que había robado al hombre al principio de la creación devolviéndonosla. Y no solo eso, sino que también hizo un espectáculo público en el mundo espiritual triunfando mediante la cruz.

Hebreos 2:14 *Así que, por cuanto los hijos participaron de carne y sangre, él también participó de lo mismo, para destruir por medio de la muerte al que tenía el imperio de la muerte, esto es, al diablo.*

> Un trabajo de sanidad interior sin una liberación o viceversa, será siempre un trabajo incompleto.

¡Jesucristo destruyó al diablo! La palabra destruido en griego significa reducido a la nada. Esto no significa que ya no existe más, sino que ha sido derrotado. La pregunta que hay que hacerse es si fue derrotado, ¿Cómo puede hacer todo lo que hace? La respuesta es – por medio del hombre. Sin el hombre satanás no puede hacer absolutamente nada.

Después de haber delegado al hombre como encargado de la tierra, Dios no hace nada sin él, somos Sus colaboradores. No fue Él quien abrió el mar en dos, fue Moisés por orden de Dios. Todas las manifestaciones poderosas de Dios en la tierra están siempre relacionadas con el hombre, del mismo modo, todo lo que hace el diablo es por medio del hombre, pues utiliza las capacidades que Dios nos ha dado. Por eso dice la Biblia: *"ni deis lugar al diablo"* (Efesios 4:27).

La palabra nos explica que el mundo está sometido al diablo, sin embargo, para controlarlo necesita hombres que le den lugar en sus vidas mediante el libre albedrío. Veamos algunos ejemplos de cómo satanás puede tomar el control de una persona.

1 Samuel 15:22-23 *Y Samuel dijo: ¿Se complace Jehová tanto en los holocaustos y víctimas, como en que se obedezca a las palabras de Jehová? Ciertamente el obedecer es mejor que los sacrificios, y el prestar atención que la grosura de los carneros. Porque como pecado de adivinación es la rebelión, y como ídolos de idolatría la obstinación. Por cuanto tú desechaste la palabra de Jehová, él también te ha desechado para que no seas rey.*

Los amalecitas eran un pueblo que durante el camino del pueblo de Dios por el desierto alrededor del año 1445 a.c. decide atacar por la retaguardia a los israelitas más débiles. Debido a esto, Dios hace un juramento, de que todos los amalecitas deben ser exterminados sin piedad tal como lo habían hecho con el pueblo de Dios. Dios que tiene buena memoria, 400 años más tarde, precisamente en 1043 a.c. ordenó al rey Saúl que exterminara a todos los amalecitas y acabase con ellos.

Saúl, para este momento ya había apartado su corazón de Dios no obedece plenamente su palabra y perdona al rey Agag y no solo eso, sino que también decide quedarse con los animales, destruyendo sólo lo que no tenía valor, después se va y hace un monumento para llevarse la gloria. Y es cuando Dios envía al profeta para decirle que había sido desechado como rey. Observa cómo el ser "desechado" deriva del no obedecer y no precisamente a la ley, sino a la palabra revelada, es decir a la voz de Dios, lo que en el Nuevo Testamento se llama obediencia a la verdad.

1 Samuel 16:14-15,23 *El Espíritu de Jehová se apartó de Saúl, y le atormentaba un espíritu malo de parte de Jehová. Y los criados de Saúl* *le dijeron: He aquí ahora, un espíritu malo de parte de Dios te atormenta... Y cuando el espíritu malo de parte de Dios venía sobre Saúl, David tomaba el arpa y tocaba con su mano; y Saúl tenía alivio y estaba mejor, y el espíritu malo se apartaba de él.*

Desde el momento en que el rey se había alejado de Dios, el Espíritu de Dios también lo abandona y por esta razón el demonio podía atormentarlo. Para entenderlo a la luz del Nuevo Testamento tenemos que comprender que las tinieblas son la ausencia de luz, en consecuencia, desde el momento en que el Espíritu de Dios, que es luz, se aleja de Saúl, las tinieblas empiezan a tener derecho sobre él.

En el Nuevo Testamento hemos sido sellados con el Espíritu de Dios por esta razón el Espíritu de Dios no puede apartarse de nosotros porque Él es uno con nuestro espíritu, pero, aun así, Él se puede entristecer, se puede enfriar o se puede apagar. El Espíritu Santo cuando se entristece, se enfría o se apaga, las tinieblas empiezan a tener derecho en nuestras vidas y estas tinieblas están compuestas por demonios que pueden atormentar nuestras mentes.

Volviendo a Saúl cuando estos demonios comenzaron a atormentar su mente, David tocaba música con el arpa, que a la luz de las escrituras en Efesios capítulo 5 versículo 18, la música es el medio por el cual somos llenos del Espíritu Santo, por este motivo, cuando David tocaba, era la presencia de Dios que David traía por medio de la música, lo que hacía que los demonios se fueran, pero en un momento dado, los demonios toman control total de Saúl es decir lo poseen.

1 Samuel 18:8-12 *Y se enojó Saúl en gran manera, y le desagradó este dicho, y dijo: A David dieron diez miles, y a mí miles; no le falta más que el reino. Y desde aquel día Saúl no miró con buenos ojos a David. Aconteció al otro día, que un espíritu malo de parte de Dios tomó a Saúl, y él desvariaba en medio de la casa. David tocaba con su mano como los otros días; y tenía Saúl la lanza en la mano. Y arrojó Saúl la lanza, diciendo: Enclavaré a David a la pared. Pero David lo evadió dos veces. Mas Saúl estaba temeroso de David, por cuanto Jehová estaba con él, y se había apartado de Saúl.*

Podemos notar como los demonios ya no huyen más de Saul, esto es debido a que tenían un derecho legal sobre el rey y no solo una influencia. Como consecuencia de este derecho, los demonios se manifiestan tratando de matar a David y con este ejemplo se ve claramente que cuando una persona comienza a dar derecho al diablo las cosas comienzan a ir de mal en peor.

Para cambiar esta situación hay que reconocer cuáles han sido esas puertas abiertas y además necesitamos la ministración para quitar este derecho y echar a los demonios de una manera suave y ligera. Vemos un ejemplo en los Evangelios, durante el periodo de transición de la ley a la gracia. El personaje en particular es uno de los apóstoles, Judas Iscariote.

Mateo 10:1,4 *Entonces llamando a sus doce discípulos, les dio autoridad sobre los espíritus inmundos, para que los echasen fuera, y para sanar toda enfermedad y toda dolencia...Simón el cananita, y Judas Iscariote, el que también le entregó.*

Primero Judas es nombrado como uno de los apóstoles e inmediatamente se le da autoridad sobre los espíritus inmundos para echarlos fuera y para sanar toda enfermedad. Es muy importante analizar el orden dado por Jesús: primero echar fuera demonios y luego la sanidad de enfermedades. Seguramente muchas de estas enfermedades estaban conectadas con influencias demoníacas, pero como las personas no tenían el Espíritu Santo dentro, no se podían sanar los corazones rotos.

Juan 12:4-7 *Y dijo uno de sus discípulos, Judas Iscariote hijo de Simón, el que le había de entregar: ¿Por qué no fue este perfume vendido por trescientos denarios, y dado a los pobres? Pero dijo esto, no porque cuidara de los pobres, sino porque era ladrón, y teniendo la bolsa, sustraía de lo que se echaba en ella. Entonces Jesús dijo: Déjala; para el día de mi sepultura ha guardado esto.*

Podemos ver que durante los tres años del ministerio de Jesucristo, el corazón de Judas comienza a manifestarse. Judas ya había expulsado demonios, pero en ese momento era él quien tenía demonios que lo influenciaban. Sus discursos parecían buenos, también daba la impresión que de ocupase de los pobres, pero detrás de todo esto, había una influencia demoníaca que nadie podía notar, de hecho, miren lo que sucede en este pasaje de la Biblia a la luz del evangelio de Marcos:

Marco 14:4 *Y hubo algunos que se enojaron dentro de sí, y dijeron: ¿Para qué se ha hecho este desperdicio de perfume?*

El propósito del diablo no es solamente atormentar a un hijo de Dios, sino también tener un instrumento para poder arrastrar a otros hermanos, como lo ha hecho Judas en este pasaje. Pero llega un momento en que todo sale a la luz.

Juan 13:2 *Y cuando cenaban, como el diablo ya había puesto en el corazón de Judas Iscariote, hijo de Simón, que le entregase.*

Quiero señalar cómo en el versículo 2 el diablo ya lo había puesto en su corazón, pero observa lo que sucede unos veinte versículos más adelante:

Juan 13:26-27 *Respondió Jesús: A quien yo diere el pan mojado, aquel es. Y mojando el pan, lo dio a Judas Iscariote hijo de Simón. Y después del bocado, Satanás entró en él. Entonces Jesús le dijo: Lo que vas a hacer, hazlo más pronto.*

De tener el derecho de poner en el corazón, logra llenar el corazón y es ahí donde tiene la posesión, el control total de Judas. Podemos también notar que no hay manifestaciones demoníacas, sólo las actitudes normales de Judas. Algunos dicen que es la unción la que hace que los demonios se manifiesten, pero esta afirmación no tiene base bíblica puesto que, si fuera así, ¿por qué cuando Judas da un beso a Jesús, el Cristo ungido, Judas no se manifestó?

> De tener el derecho de poner en el corazón, logra llenar el corazón.

Según mi experiencia durante las ministraciones he notado que las personas que se manifiestan son generalmente de bajo perfil cultural y mujeres. Esto sucede porque el diablo utiliza los sentimientos para controlar a las personas y, además, generalmente la mujer es más emocional y el hombre es más racional.

Pocas veces he visto en mi vida un juez, un abogado o un político manifestarse, sin embargo, esto no quiere decir que no tengan demonios, de hecho, a veces tienen muchos, pero al ser más racionales pueden controlar mejor sus emociones y también las manifestaciones, por esto cuando Judas besa a Jesús no se manifiesta. El Espíritu Santo, como los demonios trabajan por medio de la intuición que es el conocimiento que adquirimos no por la razón ni por el estudio. Para ser más prácticos la intuición es lo que uno siente interiormente.

2 Corintios 11:3 *Pero temo que como la serpiente con su astucia engañó a Eva, vuestros sentidos sean de alguna manera extraviados de la sincera fidelidad a Cristo.*

Generalmente siempre hay más mujeres que hombres en las iglesias y esto se debe a que las mujeres son más sensibles intuitivamente al mundo espiritual, por este motivo satanás usa a Eva y no a Adán, en cambio, los hombres son más racionales y cuanto más racionales somos más podemos controlar el mundo espiritual, así como Judas controló la influencia de satanás delante de Jesús.

Efesios 6:17 *Y tomad el yelmo de la salvación, y la espada del Espíritu, que es la palabra de Dios.*

Como hemos visto en los primeros capítulos de este libro, el Espíritu trabaja con los sentimientos, pero la Palabra es la que trabaja con la razón. Es así como, por medio del Espíritu, usando la razón a la luz de la Palabra puedo entender si lo que siento viene o no de parte de Dios.

Una manifestación se produce cuando una persona comprende racionalmente que existe una influencia y quiere separarse de ella. Aquí es donde satanás utiliza la parte emocional, es decir, los sentimientos, para dominar la razón y de este modo la persona pierde el control, es en este punto que el diablo puede hacer un espectáculo público de un hijo de Dios. Veamos otro ejemplo bíblico:

Hechos 5:3 *Y dijo Pedro: Ananías, ¿por qué llenó Satanás tu corazón para que mintieses al Espíritu Santo, y sustrajeses del precio de la heredad?*

Prestemos atención a la pregunta de Pedro: *"¿por qué llenó Satanás tu corazón?"* Parecería que esta acción fuese disociada de Ananías que era un discípulo rico que decide junto con su esposa vender todo para seguir a Jesús. En realidad, no se daba cuenta que por amor al dinero era un instrumento del diablo para infiltrarse entre los discípulos, ya que cuando uno está apegado al dinero, el diablo puede tener control de su corazón, de su vida y además usar su lengua para crear divisiones, contiendas y hacer daño dentro del cuerpo de Cristo.

Hechos 5:4-5 *Reteniéndola, ¿no se te quedaba a ti? y vendida, ¿no estaba en tu poder? ¿Por qué pusiste esto en tu corazón? No has mentido a los hombres, sino a Dios. Al oír Ananías estas palabras, cayó y expiró. Y vino un gran temor sobre todos los que lo oyeron.*

En el versículo cuatro podemos ver que la acción de satanás no estaba disociada de Ananías, de hecho, le hacen una pregunta: "*¿Por qué pusiste esto en tu corazón?*" Notamos que satanás había llenado su corazón, pero no actúa solo ya que también estuvo la colaboración de Ananías. El diablo sin ti no puede hacer nada.

En los tres ejemplos vemos que el final de los personajes es la muerte. La única manera de que un demonio abandone a la persona es mediante la liberación o bien mediante la muerte. Esto se ve especialmente en Judas, en el momento que satanás no lo necesitaba más, lo insta a ahorcarse. También lo vemos en la liberación del endemoniado gadareno que en el momento que Jesús permitió que los demonios entraran en los cerdos, éstos se suicidan, permitiendo así que los demonios vagasen por los lugares celestiales en busca de otros hombres (vea Marcos 5:1-17).

Capítulo 12

LA LIBERACIÓN
parte 2

En este capítulo veremos la liberación como parte de la ministración. Como ya hemos visto, lo que da derecho a los demonios vencidos son las fortalezas. Detrás de cada trauma en nuestras vidas siempre hay una influencia demoníaca trabajando, de hecho, durante la ministración, cuando el Espíritu Santo trae a la mente una imagen del pasado, a menudo pido a las personas que miren si pueden identificar los demonios que influenciaron a las personas que forman parte de esa herida o situación.

En la mayoría de los casos las personas llegan a ver sombras, a veces es en la mirada de esa persona que ha hecho el daño o simplemente es una atmósfera alrededor de la escena del trauma, también algunas veces ven directamente al demonio. La imagen del trauma es parte del pasado, pero el demonio está en el presente.

Una vez que la fortaleza ha sido derribada por el perdón, se toma autoridad en el nombre de Jesucristo y se rompe toda maldición y el derecho que estos demonios vencidos pudieran haber tenido en la persona. Antes de echar a los demonios tenemos que estar seguros de que ya no tengan más derecho, puesto que un demonio puede seguir teniendo legalidad en una persona si el trauma está relacionado con otro trauma.

Los traumas o fortalezas son esas imágenes que están selladas en las células cerebrales que se encuentran conectadas entre sí. Un trauma atrae al otro y además los traumas que están conectados entre sí dan derecho a los demonios. Por ejemplo, una persona que fue abusada de niña tendrá una influencia demoníaca en la esfera sexual, que impulsará a la persona a abrir otras puertas.

> Los traumas o fortalezas son esas imágenes que están selladas en las células cerebrales.

Después de que se ha perdonado y derribado la fortaleza de ese abuso, se toma autoridad en el nombre de Jesucristo y se le pregunta al demonio: "¿Cuánto derecho te queda en esta persona, ¿mucho, poco o nada?" En este punto en la mente de la persona vendrá la respuesta del demonio que puede ser: "mucho poco o nada".

No te aconsejo que te pongas a hablar con los demonios pues son mentirosos por naturaleza, es cierto que cuando les ordenamos en el nombre de Jesucristo que digan la verdad están obligados a hacerlo, aun así, te recomiendo que no pierdas tu tiempo en escucharlos. Dios no quiere que vayas a indagar las profundidades de satanás.

Apocalipsis 2:24 *Pero a vosotros y a los demás que están en Tiatira, a cuantos no tienen esa doctrina, y no han conocido lo que ellos llaman* *las profundidades de Satanás, yo os digo: No os impondré otra carga.*

Las únicas profundidades que el Espíritu Santo quiere que indagues son las profundidades de Dios, las que no se ven con los ojos naturales ni se oyen con el oído natural. Son las cosas espirituales reveladas por el Espíritu Santo las que suben a nuestros corazones.

1 Corintios 2:9 *Antes bien, como está escrito: Cosas que ojo no vio, ni oído oyó, ni han subido en corazón de hombre, son las que Dios ha preparado para los que le aman.*

Volviendo a la liberación, si la respuesta que da el demonio a la pregunta: "¿Cuánto derecho tienes sobre la persona?" es "nada" entonces se le ordena que abandone a la persona y que no vuelva nunca más. Si en cambio, el demonio no quiere colaborar, puede ser debido a que la persona no posee todavía una revelación de la autoridad que tiene el nombre de Jesucristo. Cuando conoces la autoridad que tienes en el nombre de Jesucristo el demonio lo sabe muy bien.

Es muy importante enseñar a la persona ministrada la autoridad que tiene en Cristo ya que esto facilita mucho a la liberación. Muchas veces, después de echar fuera al demonio les pregunto a las personas si han visto a los demonios salir de sus vidas, en la mayoría de los casos ven sombras desaparecer, otras veces ven claramente bajar a los demonios al abismo, y lo más importante es que tantas experimentan un sentimiento de profunda libertad, esto sirve para que las personas sean más conscientes de lo que está sucediendo en el mundo espiritual.

> **Cuando conoces la autoridad que tienes en el nombre de Jesucristo el demonio lo sabe muy bien.**

Si en cambio, el pensamiento ante la pregunta "¿Cuánto derecho tienes?" es "mucho o poco", se le ordena en el nombre de Jesucristo al demonio que muestre por qué lo tiene. Inmediatamente el demonio les mostrará una imagen de otro trauma o una puerta abierta que todavía da derecho en sus propias vidas. En este punto, se derriba esa imagen, esa fortaleza por medio del perdón. Este proceso se repite hasta que el demonio no tenga más derecho en la persona.

Volviendo al ejemplo de la persona que fue abusada de niña, cuando le ordenes al demonio que muestre porqué todavía tiene derecho, probablemente le traerá otras escenas que están conectadas en el área sexual, ya sea adulterio, fornicación o incluso otro abuso infantil. Lamentablemente, en la mayoría de los casos de abusos a menores, los violadores han reproducido lo que vivieron en la infancia, esto no los justifica, pero ayuda a perdonar.

En ocasiones necesitamos volver atrás y mirar el cuestionario para ver qué heridas pueden estar conectadas entre sí y cuáles siguen siendo los instrumentos del diablo que permiten seguir manteniendo su derecho. Recordemos que no somos nosotros los que tenemos que obligar a las personas a ir al trauma, sino que tiene que ser la guía del Espíritu Santo.

En el caso de la liberación, son los mismos demonios los que tienen que confesar por qué siguen teniendo el derecho y por esto el cuestionario nos ayuda a ver el cuadro completo. En el caso de que los demonios simplemente no quieran colaborar, por la razón que sea, se puede dirigir el pensamiento a Jesucristo y pedirle que les haga ver el porqué, siendo así, Jesús los llevará a ver esa escena del pasado la cual los demonios todavía utilizan para mantener el derecho. Estoy convencido de que la mayoría de los creyentes vive muy por debajo de su derecho espiritual por falta de conocimiento.

El simple hecho de ordenar al demonio que nos haga ver por qué todavía tiene derecho, hace que nosotros los creyentes seamos conscientes de la autoridad que Jesucristo nos ha dado. Mientras más revelación tengas de la autoridad en Cristo, más fácil será el trabajo de la ministración.

Cuando hablamos del área de la sanidad interior se necesita sensibilidad en las cosas del Espíritu. Cuanto más practiques la ministración más sensible te volverás, también notarás que tendrás palabras de conocimiento que te ayudarán en el proceso de ministración. El enemigo tratará de ponerte en casos complicados para desanimarte, personas que no querrán colaborar, que te harán perder tiempo o te harán sentir que no vas a ninguna parte. Cuando te encuentres con una situación difícil no te desanimes, a veces no es el diablo sino Dios quien te pone estos casos para formarte y enseñarte a guerrear.

Jueces 3:1-2 *Estas, pues, son las naciones que dejó Jehová para probar con ellas a Israel, a todos aquellos que no habían conocido todas las guerras de Canaán; solamente para que el linaje de los hijos de Israel conociese la guerra, para que la enseñasen a los que antes no la habían conocido.*

Me acuerdo de un caso durante un evento evangelístico al aire libre en el cual, durante la predicación el Señor me dio una palabra de conocimiento concerniente a una mujer que quería suicidarse. En ese momento compartí con la multitud que estaba allí y de repente se escucha un fuerte grito de una mujer que empieza a arrancarse el cabello; desciendo de la plataforma, me dirijo hacia ella, la tomo de las manos y ahí tomé la autoridad en el nombre de Jesucristo para calmarla y poder hablarle a la razón. Recuerda: Lo primero que tienes que hacer cuando hay una manifestación es tomar autoridad en el nombre de Jesús para atar al demonio y tranquilizar a la persona, porque en esta área tienes que trabajar con la razón de la persona.

Volviendo a mi historia, la mujer estaba completamente fuera de control, la gente empezaba a hacer un círculo a su alrededor, había policías que se acercaban a ver qué sucedía, empecé a sentir que estaba perdiendo el control de la situación y me puse a orar dentro de mi pidiendo al Señor que me ayudara, en ese mismo momento llegó su esposo y cuando la mujer lo vio, inmediatamente se tranquilizó.

Intuí que su marido era probablemente una persona violenta y que la golpeaba por eso cuando se acercó a ella se bloqueó del miedo. Aprovechando este momento de lucidez, empecé a hablarle de Jesucristo, de lo mucho que Jesús la amaba, le pregunté también si quería ser libre y para mi alegría, inmediatamente dijo que sí. Y es aquí cuando le pedí al Espíritu Santo que le mostrara a ella porqué estos demonios la estaban atormentando.

Empezó a llorar y a relatar la imagen de esta violencia que había sufrido de niña por parte de algunos familiares.

A causa de este trauma tuvo muchas relaciones sentimentales sin éxito alguno, lo cual hizo que tomara la decisión de quitarse la vida. Más tarde, su marido me contó que habían estado yendo de exorcista en exorcista durante años intentando liberarla, pero que ella iba de mal en peor, sin embargo, esa misma noche recibió a Jesucristo como Salvador y pudo perdonar a estas personas, y sin gritos fue liberada y no solo eso, sino que esa misma noche toda la familia también recibió a Jesucristo como salvador de sus vidas. Tengo que admitir que antes de esta manifestación sentía que la atmósfera estaba un poco pesada, la gente estaba muy distraída y parecía que el mensaje no llegaba a los corazones de las personas, pero después de la liberación también pudimos orar por los policías que estaba allí, y a partir de ahí muchas otras liberaciones comenzaron a suceder.

Recuerdo otro suceso en el que un exorcista me había llamado del mundo católico para que le ayudara en un caso particular. Era una chica que estaba metida en el satanismo y no podía liberarla, cuando llego, aparece el cura y me cuenta de esta joven consagrada desde el vientre de su madre a satanás; a los siete años había sido abusada como parte de este rito satánico y que, además, tenía la tarea de sacrificar bebés a satanás, colocándolos en un altar y luego sacrificándolos con un cuchillo.

Mientras el cura me contaba todos estos detalles, que parecían sacados de una película de terror, suena la puerta del despacho y empieza a entrar gente, le pregunto al párroco qué hacían todas esas personas y cuál de todas ellas era la que necesitaba liberación, él me respondió que esas diez personas estaban allí para ayudar a sujetar a la chica durante la manifestación, de manera que no se hiciera daño. Al entrar la joven, la sientan en medio de toda la gente y el cura empieza a hacer unas oraciones, que hacen que ella comenzara a agitarse.

También me di cuenta de que algunas personas empezaron a invocar la sangre de Cristo. Este tipo de invocación hacia los poseídos no se encuentra en la Biblia y personalmente no la recomiendo. La sangre de Jesucristo es poderosa y cuando se invoca delante de una persona poseída sólo empeora las cosas porque hace que el demonio se manifieste más. La Biblia dice que en el nombre de Jesucristo echaremos fuera demonios, pero no dice que lo hagamos mediante la invocación de sangre.

Invocar la sangre hace que la persona pierda aún más el control porque como dije antes hay poder en Su sangre. Para liberar a una persona necesitamos la razón y cuanto más agitada esté, más difícil es ministrar ¿Podemos tomar autoridad en nombre de Jesucristo y liberar a la persona al margen de la colaboración de la propia persona? Claro que sí. Además, encontramos esto en la Biblia cuando Pablo en nombre de Jesús libera a una mujer con espíritu de adivinación.

Para liberar a una persona necesitamos su razón.

Pero la pregunta que me hago es, si ese demonio estaba dentro de esa mujer era porque tenía un derecho, y si yo echo al demonio sin quitarle el derecho ¿Cómo sé que ese demonio u otros a causa de esa puerta abierta no volverán a atormentarla de nuevo? Por este motivo se ve a menudo personas que han sido liberadas, pero la liberación ha durado poco tiempo, Recordemos que la Biblia dice que cuando un demonio sale de la persona va a lugares desiertos buscando reposo y no encontrando trae consigo a siete peores (vea Mateo 12:44-45).

Vuelvo a mi historia: Después de que el cura me invitara a colaborar en la liberación, lo primero que hice fue atar a todos los demonios y empezar a calmar a la joven. Me aseguré de que había recibido a Cristo como Salvador, es decir, que había nacido de nuevo, y entonces comencé la ministración. Lo primero que vino a luz fue la madre, notemos que una herida producida por los padres tiene mucha más fuerza que cualquier ritual satánico.

Comenzamos a derribar fortalezas desde el vientre materno, una tras otra, y empezamos a expulsar demonios de manera suave y ligera. Me impresionó mucho ver cómo una persona que ha estado en el mundo de las tinieblas puede percibir las cosas espirituales mucho más que una persona que no sabe nada de ese mundo. Una persona que ha estado en el ocultismo puede ser usada grandemente por Dios, pero el problema es que, si la persona no renueva su mente, puede convertirse en un instrumento de satanás, ya que contará todo lo que ha experimentado en el mundo del diablo, el padre de la mentira, como si fuera verdad.

La joven de mi historia, después de media hora de ministración fue completamente liberada. Me regocijo cada vez que recuerdo la felicidad en su rostro y las lágrimas de agradecimiento, para la gloria de Dios, ha sido una de las liberaciones más hermosas que he experimentado.

Una ministración completa dura aproximadamente una hora, empezando por el cuestionario, la sanidad del alma, la liberación y como veremos en el próximo capítulo la sanidad física. Cuando no hay tiempo material por el contexto se puede hacer de forma resumida sin el cuestionario y anotando sólo el trauma principal, pero después animo a la gente a terminar el trabajo que ha empezado.

Una ministración es como una operación en el mundo físico, pero hecha en el alma. Por este motivo no es aconsejable intentar hacerlo todo en una reunión porque la persona necesita parar para digerir todo lo que ha vivido. Como dije en la introducción del libro, es importante darse cuenta de que este trabajo puede ser peligroso.

He conocido personas que tristemente han empezado a utilizar este trabajo con fines de lucro, otros para crear lazos almáticas con personas para sus propios intereses. Recuerda siempre que satanás está derrotado, pero nunca lo subestimes ya que él espera pacientemente a que lleguen esos momentos de debilidad, así como hizo cuando Jesucristo tenía hambre en el desierto.

Por eso te animo a consagrar siempre tu vida y disciplinarte a una vida de oración y a la Palabra para permanecer firme en la fe, de modo que cuando te presentes ante Dios puedas estar seguro de cuan grandes son las recompensas preparadas para ti. No olvides que Dios busca principalmente personas que sepan no solo pastorear a Sus ovejas, sino también que puedan ayudar a sanar el alma, a liberarlas de demonios y a recibir la sanidad física.

Capítulo 13

LA SANIDAD FÍSICA
parte 1

La sanidad interior, la liberación y la sanidad física están conectadas entre sí. Hemos visto cómo los demonios tienen derecho en las personas debido a las heridas del alma, a su vez los demonios también pueden producir enfermedades. Un ejemplo de ello lo encontramos en:

> **Lucas 13:10-13** *Enseñaba Jesús en una sinagoga en el día de reposo; y había allí una mujer que desde hacía dieciocho años tenía espíritu de enfermedad, y andaba encorvada, y en ninguna manera se podía enderezar. Cuando Jesús la vio, la llamó y le dijo: Mujer, eres libre de tu enfermedad. Y puso las manos sobre ella; y ella se enderezó luego, y glorificaba a Dios.*

La Biblia dice claramente que la enfermedad de esta mujer fue producida por un demonio que tuvo derecho en ella durante dieciocho años. No sabemos qué puerta utilizó el demonio para entrar en esta mujer, si ha sido un trauma, un pacto satánico, una violencia sexual, un acto de fornicación, lo único que nos dicen las Escrituras es que estuvo atormentada durante dieciocho años hasta que Jesús la sanó. No olvides que este es el mismo Jesús que hoy vive en nosotros.

Para recibir la sanidad tenemos que entender primero que no viene de arriba, sino que viene de adentro hacia afuera, y que la enfermedad no viene de parte de Dios, sino que ha entrado en la humanidad por causa del pecado. Jesús, mediante Su sacrificio, nos lavó de nuestros pecados tomando sobre Sí nuestras transgresiones y enfermedades, por esta razón tienes que saber que las enfermedades y los dolores ya no son tuyos, sino que, son Suyos ya desde hace más de dos mil años. Esperar la sanidad en el futuro puede robarte el derecho concedido en el pasado.

> Esperar la sanidad en el futuro puede robarte el derecho concedido en el pasado.

Isaías 53:4-5 *Ciertamente llevó él nuestras enfermedades, y sufrió nuestros dolores; y nosotros le tuvimos por azotado, por herido de Dios y abatido. Más él herido fue por nuestras rebeliones, molido por nuestros pecados; el castigo de nuestra paz fue sobre él, y por su llaga fuimos nosotros curados.*

Estoy convencido de que alrededor del 90% de las enfermedades tienen su origen en algún trauma, no nos olvidemos que estos traumas dan derecho a los demonios en la vida de una persona. En una conferencia había una mujer casi sorda, le pregunté cuánto tiempo llevaba con este problema y me contestó 34 años, luego le pedí que me contara qué había pasado 34 años atrás, se echó a llorar y me dijo que su marido la había abandonado. De ahí, después de perdonar a su marido, oramos por ella y recibió la sanidad. No preguntes por qué Dios no sana, sino qué es lo que impide recibir la sanidad.

Juan 5:2-9 *Y hay en Jerusalén, cerca de la puerta de las ovejas, un estanque, llamado en hebreo Betesda, el cual tiene cinco pórticos. En estos yacía una multitud de enfermos, ciegos, cojos y paralíticos, que esperaban el movimiento del agua. Porque un ángel descendía de tiempo en tiempo al estanque, y agitaba el agua; y el que primero descendía al estanque después del movimiento del agua, quedaba sano de cualquier enfermedad que tuviese. Y había allí un hombre que hacía treinta y ocho años que estaba enfermo. Cuando Jesús lo vio acostado, y supo que llevaba ya mucho tiempo así, le dijo: ¿Quieres ser sano? Señor, le respondió el enfermo, no tengo quien me meta en el estanque cuando se agita el agua; y entre tanto que yo voy, otro desciende antes que yo. Jesús le dijo: Levántate, toma tu lecho, y anda. Y al instante aquel hombre fue sanado, y tomó su lecho, y anduvo. Y era día de reposo aquel día.*

En este pasaje vemos a un hombre que había estado esperando la sanidad durante treinta y ocho años, e incluso aquí no sabemos lo que había sucedido en su vida treinta y ocho años antes, pero una cosa si podemos entender y es que su fe estaba puesta en el camino equivocado.

Presta atención a la pregunta que Jesús le hace, puesto que no pregunta al paralítico si quería entrar en la piscina, sino si quería ser sanado. Este hombre tenía una fortaleza mental que no le permitía ver que a su lado estaba el que sanaba, lo mismo sucede en estos tiempos pues no podemos ver al que nos sana por dentro.

La persona tenía fe, pero había que dirigirla hacia el camino correcto. Su fe estaba puesta en el elemento equivocado, o sea, en el estanque. Jesucristo – la Palabra tuvo que venir a cambiar la mentalidad. *"Envió su palabra, y los sanó"* (Salmo 107:20). Jesús proclama su Palabra: *"Levántate, toma tu lecho y anda".* Y la vida contenida en la Palabra vivifica al hombre que, obedeciendo al anuncio de Jesús, se levanta y se sana. La sanidad es un derecho de todos, como también lo es el perdón, pero muchas veces necesitamos tener la mentalidad adecuada.

> **Salmos 103:3** *Él es el que perdona todas tus iniquidades, Él que sana todas tus dolencias.*

Dios pone en el mismo nivel el perdón y la sanidad, sin embargo, antes de hablar de la sanidad, habla del perdón, esto se debe a que muchas veces las enfermedades suelen estar relacionadas con algún tipo de fortaleza o pecado. Quiero que sepas que la falta de perdón también es pecado y cuando no perdonas estás en el lazo del diablo. Recuerda siempre que el perdón te libera a ti y no a quien te hizo daño.

> **La sanidad es un derecho de todos, como también lo es el perdón.**

> **Mateo 9:2-8** *Y sucedió que le trajeron un paralítico, tendido sobre una cama; y al ver Jesús la fe de ellos, dijo al paralítico: Ten ánimo, hijo; tus pecados te son perdonados. Entonces algunos de los escribas decían dentro de sí: Este blasfema. Y conociendo Jesús los pensamientos de ellos, dijo: ¿Por qué pensáis mal en vuestros corazones? Porque, ¿qué es más fácil, decir:*

Los pecados te son perdonados, o decir: Levántate y anda? Pues para que sepáis que el Hijo del Hombre tiene potestad en la tierra para perdonar pecados (dice entonces al paralítico): Levántate, toma tu cama, y vete a tu casa. Entonces él se levantó y se fue a su casa. Y la gente, al verlo, se maravilló y glorificó a Dios, que había dado tal potestad a los hombres.

Nota como Jesús pone en el mismo nivel el perdón y la sanidad. En tiempos de Jesús la mayoría de la gente era sanada y solamente una minoría no se sanaba. Analizando la Biblia se puede entender el porqué de esto, sin embargo, hoy en día se ve lo contrario ya que sólo unos pocos reciben la sanidad. Personalmente creo que la razón principal es que la sanidad no se predica al mismo nivel que la salvación, porque todos hablamos de la salvación, pero pocos de la sanidad. Para recibir a Jesús se necesita la fe que proviene de la predicación del Evangelio, pero si no se predica la sanidad, no se podrá tener fe en la sanidad.

Isaías 58:8 (Reina Valera 1989) *Entonces despuntará tu luz como el alba, y tu recuperación brotará con rapidez. Tu justicia irá delante de ti, y la gloria de Jehovah irá a tu retaguardia.*

La Biblia nos explica que la sanidad es algo que germina, que nace de la semilla de la Palabra de Dios sembrada en nuestros corazones, mediante la predicación o la meditación de la Palabra. Antes de nuestro nuevo nacimiento, alguien sembró la semilla de la Palabra en nuestros corazones, pero luego llegó un tiempo y un lugar donde brotó la salvación, del mismo modo ocurre con la sanidad.

Mateo 9:20-21 *Y he aquí una mujer enferma de flujo de sangre desde hacía doce años, se le acercó por detrás y tocó el borde de su manto; porque decía dentro de sí: Si tocare solamente su manto, seré salva.*

Muchas veces se menciona la duración de la enfermedad, pero no se sabe lo que realmente ocurrió en el momento que se generó (12 años atrás). Abramos un pequeño paréntesis y veamos un acontecimiento para explicar mejor este concepto:

Génesis 31:30-35 *Y ya que te ibas, porque tenías deseo de la casa de tu padre, ¿por qué me hurtaste mis dioses? Respondió Jacob y dijo a Labán: Porque tuve miedo; pues pensé que quizá me quitarías por fuerza tus hijas. Aquel en cuyo poder hallares tus dioses, no viva; delante de nuestros hermanos reconoce lo que yo tenga tuyo, y llévatelo. Jacob no sabía que Raquel los había hurtado. Entró Labán en la tienda de Jacob, en la tienda de Lea, y en la tienda de las dos siervas, y no los halló; y salió de la tienda de Lea, y entró en la tienda de Raquel. Pero tomó Raquel los ídolos y los puso en una albarda de un camello, y se sentó sobre ellos; y buscó Labán en toda la tienda, y no los halló. Y ella dijo a su padre: No se enoje mi señor, porque no me puedo levantar delante de ti; pues estoy con la costumbre de las mujeres. Y él buscó, pero no halló los ídolos.*

Raquel, la mujer de Jacob, roba ídolos a su padre, el padre sigue a Jacob y le acusa del robo, en ese momento Jacob proclama una maldición: *"Aquel en cuyo poder hallares tus dioses, no viva"*. Jacob declara una maldición inconscientemente contra su mujer, visto que no sabía que ella era la que había robado los ídolos. La Biblia nos dice que: *"tomó Raquel los ídolos y los puso en una albarda de un camello, y se sentó sobre ellos"*. Nota cómo enfatiza el hecho de que se sentó sobre los ídolos y además le dice una mentira a su padre: *"No se enoje mi señor, porque no me puedo levantar delante de ti; pues estoy con la costumbre de las mujeres"*, en otras palabras, no podía levantarse debido a su menstruación. ¿Sabes cómo murió Raquel unos años después? Presta atención:

> **Génesis 35:16-19** *Después partieron de Bet-el; y había aún como media legua de tierra para llegar a Efrata, cuando dio a luz Raquel, y hubo trabajo en su parto. Y aconteció, como había trabajo en su parto, que le dijo la partera: No temas, que también tendrás este hijo. Y aconteció que al salírsele el alma (pues murió), llamó su nombre Benoni; mas su padre lo llamó Benjamín. Así murió Raquel, y fue sepultada en el camino de Efrata, la cual es Belén.*

Por desgracia es este el momento en que la maldición de Jacob se hace realidad. El hecho de que se sentara sobre los ídolos robados y mintiese sobre la menstruación ha estado directamente relacionado con su muerte durante el parto. *"La muerte y la vida están en poder de la lengua"* (Proverbios 18:21), por esto debes tener mucho cuidado con lo que dices. Seguramente Jacob nunca se enteró cuál había sido la raíz de la desgracia, pero hoy por medio de la Palabra de Dios podemos tener el conocimiento para entender y evitar.

Volviendo a la historia de la mujer con el flujo de sangre quisiera señalarles que la sanidad de esta mujer comienza mucho antes de tocar el manto de Jesús. La sanidad brota en el momento que la mujer toca el manto, sin embargo, había comenzado mucho antes, en el momento que alguien le habla de la sanidad que puede recibir por medio de Jesús. Ten siempre presente que este es el mismo Señor que habita en ti hoy.

A veces recibimos la Palabra y decimos sí, creo, pero luego vemos que no ocurre nada de manera inmediata. No es que no funcione, sino que tiene que germinar. Por este motivo tengo que seguir alimentándome de la Palabra que habla de la sanidad. Podrás encontrar personas en tu vida que sembraran la Palabra de sanidad y en ese momento no verán ningún fruto, pero al pasar del tiempo alguien orara por ti (o tú mismo) y es ahí donde cosecharas la sanidad.

Juan 4:37 *Porque en esto es verdadero el dicho: Uno es el que siembra, y otro es el que siega.*

Otra cosa importante que hay que entender es que hemos sido perdonados por la sangre de Cristo, pero sanados por sus llagas (vea 1 Pedro 2:24). Hay personas que esperan la sanidad invocando la sangre de Cristo, pero no hay ningún versículo en toda la Biblia que afirme esto.

Cuando celebramos la Cena del Señor, el vino representa la sangre de Jesucristo que lava los pecados y el pan representa el cuerpo de Cristo que sana nuestras dolencias: *"Él es quien perdona todas tus iniquidades, El que sana todas tus dolencias"* (Salmo 103:3). A veces la falta de conocimiento no nos permite recibir lo que nos pertenece.

Hechos 3:1-8 *Pedro y Juan subían juntos al templo a la hora novena, la de la oración. Y era traído un hombre cojo de nacimiento, a quien ponían cada día a la puerta del templo que se llama la Hermosa, para que pidiese limosna de los que entraban en el templo. Este, cuando vio a Pedro y a Juan que iban a entrar en el templo, les rogaba que le diesen limosna. Pedro, con Juan, fijando en él los ojos, le dijo: Míranos. Entonces él les estuvo atento, esperando recibir de ellos algo. Mas Pedro dijo: No tengo plata ni oro, pero lo que tengo te doy; en el nombre de Jesucristo de Nazaret, levántate y anda. Y tomándole por la mano derecha le levantó; y al momento se le afirmaron los pies y tobillos; y saltando, se puso en pie y anduvo; y entró con ellos en el templo, andando, y saltando, y alabando a Dios.*

Pedro y Juan aquí querían ver si el hombre tenía fe, esto lo habían aprendido del mismo Jesús al caminar con Él durante tres años. Quiero destacar la visión que ellos tenían respecto a la fe, y también la expectativa del cojo de recibir dinero. Esta última tenía que ser llevada del dinero hacia la sanidad: *"No tengo plata ni oro, pero lo que tengo te doy; en el nombre de Jesucristo de Nazaret, levántate y anda".*

Generalmente antes de sanar a los enfermos Jesús predicaba la Palabra para crear fe y luego oraba por los enfermos. En el caso de Pedro y Juan no los vemos predicando, pero seguramente como los discípulos iban asiduamente al templo alguien había predicado de antemano la sanidad, Pedro y Juan sólo cosecharon lo que otros habían sembrado.

Hechos 14:8-10 *Y cierto hombre de Listra estaba sentado, imposibilitado de los pies, cojo de nacimiento, que jamás había andado. Este oyó hablar a Pablo, el cual, fijando en él sus ojos, y viendo que tenía fe para ser sanado dijo a gran voz: Levántate derecho sobre tus pies. Y él saltó, y anduvo.*

Observa cómo Pablo, que no había caminado con Jesús, conocía este principio y después de predicar fijó su mirada para ver si el cojo había recibido la fe de su mensaje. Así como se puede ver el miedo en el rostro de una persona, de la misma manera se puede ver la fe. Sólo después de haber visto la fe dice: *"Levántate"* Sostengo que si no hubiera visto fe en el cojo no hubiese proclamado absolutamente nada. Es interesante ver que cuando hace la proclamación no invoca el nombre de Jesús.

Juan 11:3-6 *Enviaron, pues, las hermanas para decir a Jesús: Señor, he aquí el que amas está enfermo. Oyéndolo Jesús, dijo: Esta enfermedad no es para muerte, sino para la gloria de Dios, para que el Hijo de Dios sea glorificado por ella. Y amaba Jesús a Marta, a su hermana y a Lázaro. Cuando oyó, pues, que estaba enfermo, se quedó dos días más en el lugar donde estaba.*

Jesús siempre andaba sobre lo seguro. Cuando tenía que resucitar a Lázaro se quedó dos días más antes de ir, porque no quería ser movido por la emoción, por el afecto que le tenía a Lázaro, pero si movido por la revelación de la Palabra, esperó hasta que Dios le dijera "OK" y llegó cuatro días después que Lázaro había muerto.

Puesto que *"amaba Jesús a Marta, a su hermana, y a Lázaro"*, hubiese corrido rápidamente pero se dejó mover por el Espíritu y no por los sentimientos. Si queremos ver resultados, especialmente en el área de sanidad y liberación, no podemos movernos de acuerdo con los sentimientos sino de acuerdo con el Espíritu Santo. La sanidad es una, Cristo la dio hace dos mil años, pero cada uno tiene su propio camino para alcanzarla. Jesús sanaba a todos de diferentes maneras, a uno le imponía las manos, a otros le declaraba una palabra, o le escupía en la boca o en los ojos, etc.

> No olvides nunca que la verdad no niega la realidad, la cambia.

Cuando estés en la búsqueda de la sanidad, no te canses, siembra la palabra, ora en lenguas, hasta que germine, es decir, hasta que lo que Dios dice prevalezca en la mente y la Verdad en lugar de la realidad. No olvides nunca que la verdad no niega la realidad, la cambia, pero es un proceso.

Capítulo 14

LA SANIDAD FÍSICA
parte 2

La sanidad es un proceso que se produce de adentro hacia afuera y no de afuera hacia adentro. La sanidad es un proceso auto producido por el cuerpo en presencia de Dios, pues es el Espíritu que quiere vivificar nuestros cuerpos mortales. No es más que la aceleración de un proceso que se produce de forma natural en el hombre.

La verdad es que, no existe ninguna medicina que pueda curar, puesto que los medicamentos combaten las fuentes de las enfermedades, que facilitan el proceso por el cual el cuerpo se cura a sí mismo.

Romanos 8:10-11 *Pero si Cristo está en vosotros, el cuerpo en verdad está muerto a causa del pecado, más el espíritu vive a causa de la justicia. Y si el Espíritu de aquel que levantó de los muertos a Jesús mora en vosotros, el que levantó de los muertos a Cristo Jesús vivificará también vuestros cuerpos mortales por su Espíritu que mora en vosotros.*

La Biblia explica que el cuerpo, a causa del pecado, está muerto, es decir, separado de Dios. El Espíritu que ha resucitado al propio Cristo en persona, vive dentro nuestro, pero sin embargo vemos que en muchos casos no puede vivificar el cuerpo de muchos hermanos. ¿Por qué?

Salmo 107:20 *Envió su palabra, y los sanó, Y los libró de su ruina.*

Dios envía la Palabra, que trae la sanidad, pero no todos se sanan. Mientras somos carnales la Palabra no se puede manifestar. Recuerda que la Palabra es la Espada del Espíritu, que tiene que ser recibida por los creyentes espirituales con fe.

Isaias 9:8 *El Señor envió palabra a Jacob, y cayó en Israel.*

Nota como la Palabra que sana viene enviada a Jacob pero solo cae o se manifiesta en Israel. Jacob representa al hombre carnal, mientras que Israel al espiritual, entonces si ambos son la misma persona. ¿Por qué Jacob es carnal e Israel espiritual? El espiritual (Israel) es el maduro el que piensa en las cosas del espíritu, mientras que el carnal (Jacob) es el niño espiritual que piensa en las cosas terrenales. Por consiguiente, si tengo fe en la Palabra, esta puede obrar en mí para vivificarme, pero sí en cambio tengo una fortaleza en la mente que impide la fe, el Espíritu no puede fluir en mí y sigo siendo carnal. Muchas personas no comprenden que la espiritualidad está relacionada con el pensamiento.

Romanos 8:5 *Porque los que son de la carne piensan en las cosas de la carne; pero los que son del Espíritu, en las cosas del Espíritu.*

Si el pensamiento está puesto en la enfermedad eres carnal, si el pensamiento está puesto en la promesa eres espiritual. Lo que prevalece en tu mente determina lo que eres. Recuerda que el pensamiento nace de la imagen en mi mente, la palabra del médico, que simplemente hace su trabajo, te da la imagen de la enfermedad. La Palabra de Dios te da la imagen de la sanidad.

Pensar en las cosas del Espíritu y orar en lenguas es esencial, porque cuando oramos en el Espíritu, es como un río de agua viva que fluye, saciando todas las esferas desiertas de

Lo que prevalece en tu mente determina lo que eres.

nuestra vida. En una de las peores tormentas de mi vida, el enemigo consiguió incluso tocar a mi mujer con un tumor maligno en el útero del tamaño de una naranja, y lo que tendría que haber crecido en diez años, creció en un mes. Al principio, mi mujer no quería operarse, sino que quería solo confiar en Dios. Yo aprobaba esta elección al cien por ciento, pero había algo que no me daba paz.

Unos meses antes de esta situación, tuvimos una gran sanidad en la iglesia, una chica con un cáncer metastásico en cinco partes de su cuerpo había sido completamente sanada, esto nos dio un gran impulso para que creyéramos aún más, sin embargo, sentí que el camino de Dios para Deby era diferente: *"Más los que buscan a Jehová entienden todas las cosas"* (Proverbios 28:5). En mi búsqueda de Dios para comprender esta situación, el Espíritu Santo me condujo al siguiente versículo:

1 Timoteo 5:23 *Ya no bebas agua, sino usa de un poco de vino por causa de tu estómago y de tus frecuentes enfermedades.*

Para entonces, no entendía por qué me había llevado a leer este versículo, y es ahí cuando el Espíritu Santo me hizo notar algo más, aunque para ser sincero hasta ese momento no tenía en claro porqué el apóstol Pablo, que había sanado a un cojo de nacimiento con una palabra, le dijo a su hijo espiritual Timoteo que bebiera vino para su dolor de estómago.

Hechos 14:9-10 *Este oyó hablar a Pablo, el cual, fijando en él sus ojos, y viendo que tenía fe para ser sanado, dijo a gran voz: Levántate derecho sobre tus pies. Y él saltó, y anduvo.*

Del mismo modo el Espíritu me llevó a leer estos pasajes:

1 Timoteo 4:14 *No descuides el don que hay en ti, que te fue dado mediante profecía con la imposición de las manos del presbiterio.*

2 Timoteo 1:6 *Por lo cual te aconsejo que avives el fuego del don de Dios que está en ti por la imposición de mis manos.*

En la Primera epístola de Timoteo leemos que el propio Timoteo estaba pasando por alguna situación que hacía que descuidara al don del Espíritu Santo, hasta el punto de apagarlo como lo dice en la segunda epístola, Vemos claramente en esta situación que el apóstol Pablo no le dice que tome autoridad en el Nombre de Jesús, sino que le aconseja usar el vino como medicina. De la misma manera, por diversas situaciones, mi esposa había descuidado la presencia de Dios. ¡Era hora de despertarse espiritualmente!

Tras un tiempo de ayuno, Dios me dio una visión en la que ella era sanada, en esta visión también estaban los médicos. Después de esta recarga espiritual, le dije a mi esposa que escucharíamos la opinión de los médicos, los cuales habían decidido operar, pero antes permitieron que Deby se sometiera a quimioterapia. Cada vez que mi esposa iba al hospital a recibir quimioterapia se levantaba con el catéter y oraba en lenguas proclamando la sanidad.

Resumiendo, la historia, la quimioterapia no tuvo efectos secundarios, ni siquiera perdió el cabello, y no solo eso, sino que cuando la operaron, comprobaron que ya estaba completamente sanada. Los médicos reconocieron que algo sobrenatural había sucedido. Estoy orgulloso de mi mujer y doy gracias a Dios por ella.

El Espíritu que mora en ti es el mismo que vivificará tu cuerpo mortal. El problema es que el sufrimiento de tu alma no permite que el Espíritu influya en tu cuerpo. Tienes que saber que a menudo el sufrimiento o el trauma que reside en el alma es la raíz del problema físico. Si permites que Dios sane tu alma, el Espíritu puede influir en tu cuerpo.

Me vienen a la mente dos casos en particular. El primero es el de una mujer que se le había desprendido la retina a causa de un derrame cerebral producido por un trauma familiar, durante

> El sufrimiento o el trauma que reside en el alma es la raíz del problema físico.

la oración cerramos las puertas al enemigo mediante el perdón y además expulsamos al espíritu que oprimía a la mujer a causa de este trauma, nada más terminamos de ministrarla la mujer se quita las gafas, fondo de botella y nota una ligera mejoría en la visual, ahora bien, lo más interesante es que durante la noche, el Espíritu vivificó sus ojos a tal punto que por la mañana, mientras leía el calendario bíblico como hacía habitualmente, se da cuenta que no estaba usando sus gafas y que su vista había sido completamente restablecida. ¡Gloria a Dios!

El segundo caso es el de una mujer sorda que usaba audífonos para oír correctamente. Su sordera había comenzado cinco años atrás a causa de un trauma provocado por su hermano, el motivo era la venta de una propiedad. Lo primero que hicimos fue orar por su sanidad interior, para luego orar por su audición y fue en ese preciso momento cuando el Espíritu Santo abrió sus oídos, obteniendo de esta manera su milagro.

Hemos visto muchos casos así: problemas de artritis, migraña, depresión, hipertensión, arteriosclerosis, tumores, ataques de pánico, dermatitis, problemas al corazón, esterilidad y muchas otras enfermedades. Cuando la enfermedad está causada por un trauma, en la mayor parte de los casos después de la sanidad del alma sigue la sanidad física o se pueden notar grandes mejoras en el estado de la persona.

Hebreos 13:8 *Jesucristo es el mismo ayer, y hoy, y por los siglos.*

Dios no cambia El sigue sanando, por esta razón es importante comprender el camino de la sanidad. Por cierto, satanás tampoco cambia y además él sabe muy bien que, para tocar el cuerpo, primero tiene que tocar el alma:

Proverbios 17:22 *El corazón alegre constituye buen remedio; Mas el espíritu triste seca los huesos.*

Para que los huesos se vean afectados hace falta que algo nos golpee por dentro. Orar en lenguas eleva tus defensas inmunitarias, mientras que la adversidad te derriba. Ten presente que el diablo antes de golpear tu cuerpo tiene que golpear tu corazón. La Biblia dice:

Proverbios 4:23 *Sobre toda cosa guardada, guarda tu corazón; Porque de él mana la vida.*

Pasamos a la sanidad física en la ministración. El orden bíblico instituido por el Señor, como vimos anteriormente, a la luz del primer sermón de Jesús sobre la base de:

Isaías 61:1 *El Espíritu de Jehová el Señor está sobre mí, porque me ungió Jehová; me ha enviado a predicar buenas nuevas a los abatidos, a vendar a los quebrantados de corazón, a publicar libertad a los cautivos, y a los presos apertura de la cárcel.*

Este orden tiene un motivo, pues el hecho de que hayas venido a Cristo no significa que las heridas de tu alma hayan sido sanadas, y tal es el caso de Lázaro que después de haber sido resucitado, Jesús les dice a sus discípulos *"Desatadle, y dejadle ir"* (Juan 11:44). Así es como comprendemos de manera clara que Jesús da vida al alma, pero sin embargo son los discípulos quienes tienen que quitarle las ataduras y sanar su alma.

Orar en lenguas eleva tus defensas inmunitarias.

Como ya hemos explicado anteriormente, no hacemos primero la liberación, ya que muchos demonios tienen el derecho en la persona debido a las heridas de traumas pasados. Es importante recordar lo dicho antes, si se echa fuera al demonio tomando autoridad en el nombre de Jesús, pero dejas las puertas o fortalezas que ellos usan, seguramente volverán porque tienen el derecho.

Por lo tanto, primero se hace la sanidad del alma, luego la liberación y por último la sanidad física, puesto que como ya sabemos muchas de las enfermedades están conectadas con las heridas de tu pasado y estos sufrimientos del alma tienen un impacto en lo físico.

Mateo 26:38 *Entonces Jesús les dijo: Mi alma está muy triste, hasta la muerte; quedaos aquí, y velad conmigo.*

Jesús antes de ser traicionado y comenzar todo su calvario hacia la cruz dice: *"Mi alma está muy triste, hasta la muerte"* Jesús pasó por todo lo que tú estás pasando y es un modelo en cada circunstancia, sabe lo que es la depresión, el abandono, la muerte de un ser querido, etc. Él puede entender muy bien cada una de tus situaciones porque Él mismo las ha experimentado. Ahora quiero que veamos como la opresión de Jesús tuvo efecto en lo físico:

Lucas 22:44 *Y estando en agonía, oraba más intensamente; y era su sudor como grandes gotas de sangre que caían hasta la tierra.*

La imagen que estaba viendo de lo que tenía que sufrir era tan intensa que le rompió los vasos sanguíneos de la frente, este fue el resultado de la angustia que sufría en el interior de su alma. Quiero compartir un versículo que me impactó mucho al leerlo:

Hebreos 12:2 *Puestos los ojos en Jesús, el autor y consumador de la fe, el cual por el gozo puesto delante de él sufrió la cruz, menospreciando el oprobio, y se sentó a la diestra del trono de Dios.*

La Palabra dice claramente que el gozo puesto delante de Él fue el elemento principal que hizo que soportara la cruz, pero la pregunta que me hice fue: Si la Biblia dice: *"Mi alma está muy triste, hasta la muerte"*. ¿De dónde viene el gozo que le dio fuerzas? Y aquí está el pasaje que el Espíritu Santo me trajo a la mente:

Lucas 22:43 *Y se le apareció un ángel del cielo para fortalecerle.*

Este es el momento en el que Jesús recibe el gozo. Explicación: la palabra ángel significa mensajero, el mensaje que trajo el ángel produjo el gozo. Podemos ver esto en Isaías 53:11: *"Verá el fruto de la aflicción de su alma, y quedará satisfecho"*. El fruto de la aflicción de su alma fue nuestra salvación. Por este motivo leyendo estos versículos, me di cuenta que lo que el ángel le hace ver a Jesús en el Getsemaní son nuestros rostros yendo al infierno y que gracias a su sacrificio en cambio de ir al infierno, vamos al cielo a pasar la eternidad junto a Él, por lo tanto nosotros fuimos su gozo. Por consecuencia, este gozo eterno fue el que lo fortaleció en su sufrimiento: *"porque el gozo de Jehová es vuestra fuerza"* (Nehemías 8:10).

En este tiempo muchas personas sufren no por lo que tendrán que pasar sino por lo que han vivido en el pasado, este trauma la Biblia lo llama la fortaleza y es esa imagen sellada en la mente que atormenta cada vez que la trae ante ti y que hay que derribar, para poder ser libre también de los problemas físicos.

Había una hermana que producto de una caída se había roto las rodillas al punto de tener que ser operada, esto a primera vista era solo un simple accidente, y como es normal entre creyentes ella había pedido oración por sus rodillas. De la misma manera que hizo Jesús, antes de orar, personalmente prefiero ir a lo seguro, por eso, lo primero que hago es ver si la persona tiene fe, como también lo hicieron Pedro y Pablo *"viendo que tenía fe para ser sanado"* (Hechos 14:9). Si veo que no tiene fe, procuro que la persona haga algo de trabajo pastoral para poder aumentarla.

Volviendo a la hermana que se había caído, le pregunté, cuándo había ocurrido el incidente, esto es para poder entender la raíz del problema. Entonces ella me responde que hacía un par de meses que se había caído, luego le pregunté si había pasado alguna otra cosa, durante ese tiempo, al que me responde "nada". En ese momento le pedí al Espíritu Santo que le mostrase exactamente lo que había sucedido y fue en ese preciso instante que recordó la situación.

El día que se cayó, había discutido con su hermana por una herencia al punto que estaba tan enfadada que al salir no vio los escalones y como consecuencia cayó de las escaleras. Sólo el Espíritu Santo puede revelarlo, por lo tanto oramos, luego ella pudo perdonar y fue así como el Espíritu Santo aceleró la sanidad. Para recibir la sanidad necesitas trabajar en la fe, pero también comprender la razón de la enfermedad.

1 Corintios 3:16 *¿No sabéis que sois templo de Dios, y que el Espíritu de Dios mora en vosotros?*

La enfermedad está en el cuerpo, Jesucristo el sanador, por medio del Espíritu mora dentro de nuestro espíritu. El puente que conecta el Espíritu con el cuerpo es la mente y la clave de la sanidad es el Espíritu de Dios obrando por medio de ti. Cuando entramos en el área de la sanidad oro siempre que el Espíritu Santo muestre a las personas el origen de esa enfermedad.

Una vez el Espíritu saca a la luz la raíz de una dolencia o problema físico, es ahí cuando tenemos que derribar esa fortaleza mediante el perdón. Después que la persona perdona, echamos fuera la influencia espiritual y oramos por la sanidad. En este momento siempre pregunto: "¿Sientes la presencia de Dios?" En el 90% de los casos la respuesta es sí, por medio de esa respuesta puedo saber que el Espíritu Santo está vivificando el cuerpo hacia la sanidad, es en este punto que tomo autoridad en el Nombre de Jesús y proclamo sanidad en todo el cuerpo.

En una ocasión oí esta frase: "no le digas a Dios lo grande que es tu problema, sino dile al problema lo grande que es tu Dios". Cuando mi mirada se fija en Cristo, la naturaleza de Dios comienza a fluir por todo mi ser. Hoy en día, la mayoría de los creyentes vienen al Señor mirando la tormenta, y no la promesa. Permíteme darte un ejemplo práctico:

Números 17:6-8 *Y Moisés habló a los hijos de Israel, y todos los príncipes de ellos le dieron varas; cada príncipe por las casas de sus padres una vara, en total doce varas; y la vara de Aarón estaba entre las varas de ellos. Y Moisés puso las varas delante de Jehová en el tabernáculo del testimonio. Y aconteció que el día siguiente* *vino Moisés al tabernáculo del testimonio; y he aquí que la vara de Aarón de la casa de Leví había reverdecido, y echado flores, y arrojado renuevos, y producido almendras.*

El tabernáculo, al igual que el templo, constaba de la parte exterior, el lugar santo y el lugar santísimo, que ahora representa la carne, el alma y el espíritu. Los sacrificios se hacían en el lado exterior porque la carne tenía que ser limpiada de pecados. En el lugar santísimo estaba el arca del pacto y representaba la presencia de Dios, de donde procede la voz de Dios.

El contexto aquí es, que los ancianos del pueblo de Dios se rebelan tratando de obtener una posición y murmurando arrastran al pueblo. Dios, en cambio, quiso mostrar al pueblo su elección. Las varas aquí nos representan a nosotros que somos los pámpanos y Cristo la vid (vea Juan 15:5). Dirigir el pensamiento hacia las cosas del Espíritu, *"el Espíritu de aquel que levantó de los muertos a Jesús"* (Romanos 8:11) vivifica el cuerpo mortal como hizo reverdecer la vara de Aarón. Si una rama puede revivir en presencia de Dios, ¡cuánto más pueden ser vivificados nuestros cuerpos mortales!

Para concluir, siempre es bueno recordar la importancia de la renovación de la mente. Una ministración representa el 10% de la vida del creyente, el otro 90% proviene del crecimiento. La persona notará muy claramente el cambio que se ha producido, pero si quiere alcanzar el destino que Dios ha preparado, tendrá que renovar su mente. Las decisiones están estrechamente relacionadas con los pensamientos. Jesucristo compró todos con Su sacrificio, pero si estás leyendo este libro y aún no has recibido a Jesús como Salvador, te invito a orar conmigo.

Si has hecho esta oración y lo crees con el corazón, y lo confiesas con tu boca hoy tu eres salvado y nos gozamos contigo junto con los ángeles. Jesucristo ya ha muerto por tus pecados; el arrepentimiento sólo sirve para recibir el perdón que está a tu disposición desde hace más de dos mil años.

Romanos 10:10 *Porque con el corazón se cree para justicia, pero con la boca se confiesa para salvación.*

Repite conmigo esta oración:

Jesús creo en ti, creo que eres el hijo de Dios. Creo que viniste a la tierra y moriste en una cruz. Creo que resucitaste y que con tu sangre me lavaste de todos mis pecados. Te pido perdón de todo corazón y te entrego mi vida. En el precioso y poderoso nombre de Jesús. Amén.

Si has hecho esta oración y lo crees con el corazón, y lo confiesas con tu boca, serás salvado:

Lucas 15:32 *Mas era necesario hacer fiesta y regocijarnos, porque este tu hermano era muerto, y ha revivido; se había perdido, y es hallado.*

Lucas 15:10 *Así os digo que hay gozo delante de los ángeles de Dios por un pecador que se arrepiente.*

HOMBRE DE PAZ

Si necesita una ministración, tener
información sobre cursos de formación
u organizar una conferencia, puedes
ponerte en contacto con nosotros aquí:

 www.uomodipace.it

 +39 079 969 0002
+506 72222 6675

 infoamericalatina@uomodipace.it

CURSOS DE VÍDEO

LIBRO COMPLEMENTARIO

Manual práctico de ministración

Hemos creado este manual para dar una ayuda práctica y concreta al líder que ha decidido trabajar en el área de la sanidad del alma, liberación y sanidad física a través de esta particular herramienta que es la ministración.

Hablaremos sobre lo que es la ministración en su concepto más pragmático: lo que puede ocurrir, qué hacer ante una situación particular, qué decir, y cómo ayudar una persona con dificultades.

Aquí encontrarás los pasos de la ministración y consejos prácticos, pero queremos recordarte que quien sana y libera es el Espíritu, y a nosotros nos corresponde colaborar, consagrarnos diariamente y dejarnos guiar por Él.

¡Que el Señor te guíe y te utilice para ayudar al mayor número posible de personas para gloria de Su nombre!

OTRO LIBRO DEL AUTOR

La Revelación del Conocimiento

Mi pueblo es destruido por falta de conocimiento...

—Oseas 4:6

En un mundo lleno de información, ¿estás realmente obteniendo el conocimiento que transforma vidas?

Presentamos: La Revelación del Conocimiento, la clave de una vida transformada.

- Descubre la diferencia entre la simple información y la revelación divina.

- Entiende cómo aplicar las verdades bíblicas de manera que produzcan un impacto real en tu vida.

- Profundiza tu relación con Dios y abre tu corazón a la transformación que solo su Espíritu puede traer.

Made in the USA
Middletown, DE
04 November 2025

20624859R00097